MW01703579

français

1000 mots pour réussir

par

Claude LEBRUN

Professeur au Lycée Chateaubriand, Rennes

Illustrations Christian Quennehen

nouvelle édition revue et corrigée

8, rue Férou, 75006 Paris BELIN

Avant-propos

Le niveau de vocabulaire influe directement sur les résultats scolaires et professionnels. Pourtant, il n'existait pas jusqu'à ce jour d'ouvrage permettant l'apprentissage systématique du vocabulaire indispensable à la réussite.

Mille mots pour réussir présente donc des exercices destinés à aider élèves et étudiants dans ce nécessaire travail d'acquisition.

Les mots retenus sont des termes généraux : termes abstraits utiles dans les différentes opérations de la réflexion et du travail intellectuels, quelle que soit la discipline ; termes de la vie physique, psychologique, affective, morale et culturelle. On a introduit également quelques termes spécialisés : mots scientifiques passés dans le langage courant et mots appartenant au langage religieux, généralement mal connu, employés au sens figuré.

Tous ces mots ont été sélectionnés sur plusieurs années de pratique et à partir de l'observation du vocabulaire des élèves et de leurs besoins.

On a présenté les mots dans des phrases simples permettant de connaître leur construction la plus courante, ce qui facilitera la tâche des étudiants étrangers. Les candidats à des examens ou à des concours administratifs devraient également y trouver leur compte.

La seule ambition de ce livre est de rendre service.

Claude LEBRUN

Ces mille mots font partie d'un corpus de termes généraux et spécialisés par discipline, établi en collaboration avec Micheline Sommant, linguiste.
Je remercie pour son aide active Martine Bourgy, professeur de français langue étrangère.
Je remercie également mes élèves sans qui ce travail n'aurait pu exister.

Claude Lebrun est professeur de Lettres. Elle enseigne au Lycée Châteaubriand à Rennes

ISBN 2-7011-1129-3

Mode d'emploi

Ce livre comporte deux grandes parties.

• La **première partie** vise à l'**acquisition** du sens des mots, au moyen de six séries d'exercices.

— 1re série : questions à choix multiples (Q.C.M.)

— 2e série : exercices classés par champ lexical, dans lesquels il faut compléter des phrases à trous à l'aide de mots dont la définition vous est donnée en regard.

— 3e série (mots mêlés) : même principe que la précédente série, mais agencé différemment, puisque, outre des phrases à trous, vous aurez aussi des textes à compléter et des grilles à remplir.

— 4e série : questions de vocabulaire pour préparer à l'épreuve de français du baccalauréat, en testant vos connaissances aussi bien dans la langue contemporaine que dans la langue classique.

— 5e série : différents types d'exercices sur les faux amis et leurs pièges.

— 6e série : mots croisés simplifiés.

• Chaque série est suivie de son corrigé : vous vous testez régulièrement, au fur et à mesure que vous progressez dans les exercices. Quelques unes vous permettent même de calculer votre score exact : vous vous évaluez vous-même, rapidement et facilement.

• Chaque mot ayant une définition plus ou moins détaillée, cette première partie constitue donc un véritable lexique à acquérir progressivement.

• La **seconde partie** propose un **contrôle** des acquisitions :
les mille mots contenus dans toute la première partie ont été regroupés en vingt champs lexicaux : dans chacun d'eux, des phrases permettent de vérifier si le mot souligné, placé dans un contexte clair, est connu et surtout assimilé.

• Un index exhaustif de nos 1000 mots est placé en fin d'ouvrage. Chaque entrée renvoie successivement aux deux grandes parties du livre où elle figure : vous pouvez ainsi vérifier ou découvrir respectivement la définition du mot et son emploi dans un contexte.

Table des matières

Première partie

POUR TESTER, POUR APPRENDRE

Deuxième partie

POUR CONTRÔLER VOS ACQUISITIONS : MILLE MOTS, VINGT CHAMPS LEXICAUX

POUR TESTER
POUR APPRENDRE

1re SÉRIE : LES Q.C.M.

2e SÉRIE : VINGT CHAMPS LEXICAUX

3e SÉRIE : LES MOTS MÊLÉS

4e SÉRIE : LE VOCABULAIRE AU BAC

5e SÉRIE : LES FAUX-AMIS

6e SÉRIE : JEUX

1re SÉRIE : LES Q.C.M.

Sous le titre « Les Q.C.M. » sont réunies six batteries de questions à choix multiples destinées à vous permettre à la fois d'évaluer et d'enrichir vos connaissances.

1. Comprenez-vous le discours des médias ?

Voici des phrases prononcées ou écrites par des hommes politiques ou par des journalistes de la télévision et de la presse écrite. Les mots dont le sens vous est demandé sont des termes généraux.
Faites une croix dans la case correspondant à votre choix. Si vous ne connaissez pas le sens d'un mot, cochez la ligne S.I. (Sens Ignoré). (Corrigé p. 34).

1 "Le président de la République a pris des positions sans ambiguïté sur les rapports entre l'Est et l'Ouest".
a. Des positions fermes ☐
b. Des positions parfaitement claires ☒
c. Des positions sans générosité ☐
d. S.I. ☐

2 "Comme les terroristes eux-mêmes, ces politiciens amnésiques jouent sur la peur".
a. Qui se conduisent en irresponsables ☐
b. Qui exploitent les attentats par ambition ☐
c. Qui ont oublié leur comportement lorsqu'ils étaient au pouvoir ☒
d. S.I. ☐

3 "La libération immédiate de tous les prix peut apparaître comme la cause d'une amputation du pouvoir d'achat".
a. D'un accroissement ☐
b. D'un retranchement ☒
c. De réclamations concernant ce pouvoir d'achat ☐
d. S.I. ☐

4 "Nous avons suggéré l'organisation d'élections législatives anticipées".
a. Des élections qui auraient lieu avant la date prévue ☒
b. Des élections ne concernant qu'une partie des électeurs ☐
c. Des élections dont le mode de scrutin serait modifié ☐
d. S.I. ☐

in spite of

5 "Je crois qu'en dépit des assertions du gouvernement, les électeurs ont leur opinion sur la hausse du coût de la vie, sur la baisse du pouvoir d'achat...".
a. Des mensonges du gouvernement ☐
b. Des affirmations ☒
c. Des projets ☐
d. S.I. ☐

6 "Il faut poursuivre une politique d'austérité".

a. Une politique efficace ☐
b. Une politique de grandeur ☐
c. Une politique imposant des sacrifices ☒
d. S.I. ☐

7 "La France doit avoir une politique extérieure plus cohérente".

a. Plus ferme ☐
b. Plus compréhensive ☐
c. Dont toutes les manifestations s'accordent, logique avec elle-même ☒
d. S.I. ☐

8 "Je ne vois pas comment la cohabitation ne conduirait pas inéluctablement à un compromis".

a. A une impasse ☐
b. A une crise ☐
c. A un accord grâce à des concessions ☒
d. S.I. ☐

9 "Plus Mitterrand insiste sur ses prétentions (en matière de politique étrangère) plus le tandem Chirac-Giscard se doit d'insister sur son intention de le confiner dans l'inauguration des chrysanthèmes".

a. De le consacrer à ☐
b. De l'écarter de ☐
c. De l'enfermer ☒
d. S.I. ☐

10 "Sur la présence d'instructeurs français au Tchad, il y a pratiquement un consensus".

a. Un accord ☒
b. Un désaccord total ☐
c. Un mystère ☐
d. S.I. ☐

disagreement

11 "Laborieuses négociations sur le contentieux européen".

a. Le contenu de la politique européenne ☐
b. Les désaccords sur cette politique ☒
c. Les projets européens ☐
d. S.I. ☐

12 "Nous démantèlerons et nous sanctionnerons tous les réseaux clandestins d'immigration".

a. Nous dénoncerons ☐
b. Nous détruirons ☒
c. Nous découvrirons ☐
d. S.I. ☐

13 "Doit-on accepter les voix de l'extrême-droite ou les rejeter ? C'est un vrai dilemme".

a. C'est un vrai drame ☐
b. C'est un choix auquel on ne peut échapper ☒
c. C'est une question importante ☐
d. S.I ☐

14 **"Cette intervention du président de la République n'est pas une diversion aux dossiers économiques et sociaux".**
a. Elle n'est pas un soutien ☐
b. Elle n'est pas un moyen de détourner l'attention ☒
c. Elle n'est pas une critique ☐
d. S.I. ☐

15 **"Pour limiter la progression des dépenses publiques, le ministre des finances est conduit à des économies draconiennes".**
a. Dans le domaine de la défense nationale ☐
b. Impopulaires ☐
c. Très sévères ☐
d. S.I. ☐

16 **"Ma hantise est de débarrasser la France de cette maladie endémique qu'est l'inflation".**
a. Une maladie très grave ☐
b. Une maladie qui se manifeste par poussées ☐
c. Une maladie qui ne cesse pas ☐
d. S.I. ☐

17 **"Raymond Barre rompt le silence pour fustiger les partis politiques".**
a. Flatter ☐
b. Blâmer, critiquer violemment ☐
c. Soutenir ☐
d. S.I. ☐

18 **"Comment peut-on avoir l'impudence de dire que la situation politique s'améliore" ?**
a. L'audace ☐
b. L'inconscience ☐
c. La malhonnêteté ☐
d. S.I. ☐

19 **"La jeunesse n'assure pas l'impunité".**
a. Elle n'est pas une excuse pour ne pas être puni ☐
b. Elle n'autorise pas à être impoli ☐
c. Elle ne permet pas d'échapper au danger ☐
d. S.I. ☐

20 **"Les résultats électoraux pourraient infirmer vos pronostics".**
a. Vérifier ☐
b. Ridiculiser ☐
c. Démentir, contredire ☐
d. S.I. ☐

21 **"Personne ne conteste l'intégrité du ministre de la Justice".**
a. La totale sincérité ☐
b. La grande compétence ☐
c. La parfaite honnêteté ☐
d. S.I. ☐

22 **"Jusqu'à présent, le parti communiste n'a pas changé d'un iota"**
a. Il n'a changé aucun de ses projets ☐
b. Il n'a modifié aucune de ses affirmations ☐
c. Il n'y a pas eu le plus petit changement ☐
d. S.I. ☐

23 **"Je reproche à votre parti une idéologie et un laxisme qui ont créé en France une crispation à propos de la présence des étrangers sur notre sol".**
a. Une tolérance excessive ☐
b. Un programme irréaliste ☐
c. Une incompétence ☐
d. S.I. ☐

24 **"Je ne me sens pas à l'aise dans ce débat manichéen entre la droite et la gauche".**
a. Tout à fait dépassé ☐
b. Qui oppose systématiquement et sans nuances la droite et la gauche ☐
c. Incessant ☐
d. S.I. ☐

25 **"Je ne suis pas dans le microcosme".**
a. Je suis en dehors du petit univers auquel j'ai fait allusion ☐
b. Je n'ai pas été enregistré au magnétoscope pendant mes discours ☐
c. Je ne suis pas dans l'ouragan de la bataille politique ☐
d. S.I. ☐

26 **"On sème la confusion pour que les vrais choix soient occultés".**
a. Pour qu'ils soient oubliés ☐
b. Pour qu'ils soient cachés ☐
c. Pour qu'ils soient faussés ☐
d. S.I. ☐

27 **"Il ne faut pas mettre dans l'esprit des Français que nos institutions ne sont pas suffisamment solides pour assurer la pérennité de la République".**
a. Le fonctionnement ☐
b. La grandeur ☐
c. La continuité ☐
d. S.I. ☐

28 **"Quand on est au pouvoir, il faut être pragmatique".**
a. Il faut agir selon ses principes ☐
b. Il faut accorder la première place à l'action ☐
c. Il faut savoir plaire ☐
d. S.I. ☐

29 **"La France envisage des mesures de rétorsion au Tchad".**
a. Des mesures sévères en réponse à ce qui a été fait ☐
b. Des mesures pour favoriser la détente politique ☐
c. Des mesures d'aide ☐
d. S.I ☐

30 **"Les positions de Jean-Paul II sont considérées comme rétrogrades"**
- **a.** Elles sont raisonnables ☐
- **b.** Elles s'accrochent au passé ☐
- **c.** Elles sont en retrait par rapport aux positions des évêques ☐
- **d.** S.I. ☐

31 **"Le temps des promesses est révolu".**
- **a.** Est arrivé ☐
- **b.** Est passé, terminé ☐
- **c.** S'est déroulé ☐
- **d.** S.I. ☐

32 **"Les enfants de la Ve république sont aujourd'hui dans l'ignorance de deux ou trois rudiments fort simples : les paroles de la Marseillaise, quelques notions d'instruction civique, la signification des couleurs du drapeau national".**
- **a.** Connaissances élémentaires ☐
- **b.** Connaissances historiques ☐
- **c.** Éléments pouvant développer le patriotisme ☐
- **d.** S.I. ☐

33 **"La politique est un sacerdoce au service des autres".**
- **a.** Une fonction presque religieuse ☐
- **b.** Un sacrifice de sa vie privée ☐
- **c.** Un métier très absorbant ☐
- **d.** S.I. ☐

34 **"Vous êtes le champion des réponses un peu sibyllines".**
- **a.** Un peu malhonnêtes ☐
- **b.** Un peu fausses ☐
- **c.** Un peu difficiles à comprendre ☐
- **d.** S.I. ☐

35 **"Que signifie cette analyse tendancieuse des résultats" ?**
- **a.** Qui manifeste un parti pris ☐
- **b.** Qui cherche à nuire ☐
- **c.** Incomplète ☐
- **d.** S.I. ☐

36 **"On apprécie la véracité de son récit".**
- **a.** L'exactitude, la fidélité ☐
- **b.** Le style brillant de son récit ☐
- **c.** La vie qu'il sut mettre dans son récit ☐
- **d.** S.I. ☐

37 **"Zizanie dans l'opposition".**
- **a.** Optimisme ☐
- **b.** Réconciliation ☐
- **c.** Discorde, désaccord ☐
- **d.** S.I. ☐

Faux (– 1)	☐
Bon (+ 1)	☐
S.I. (0)	☐
Total	☐

2. Connaissez-vous ces mots plutôt faciles ?

Sont-ils tellement faciles ? Vous allez le savoir. Faites une croix dans le carré correspondant à votre choix. Si vous ne connaissez pas la réponse cochez la ligne S.I. (Sens Ignoré). (Corrigé p. 34).

1 L'Alsace a été annexée par l'Allemagne en 1871.
a. A été envahie par l'Allemagne ☐
b. A été restituée par l'Allemagne ☐
c. A été rattachée à l'Allemagne ☐
d. S.I. ☐

2 Phileas Fogg rêvait de faire un voyage aux antipodes.
a. Sans marcher à pied ☐
b. A l'autre bout du monde ☐
c. Aux frais du gouvernement ☐
d. S.I. ☐

3 Un professeur aphone.
a. Qui n'a plus de voix ☐
b. Qui n'a plus de poste ☐
c. Qui est très fatigué ☐
d. S.I. ☐

4 Comment expliquer cette "boulimie" de kilomètres chez les conducteurs du dimanche ?
a. Cette envie de dévorer des kilomètres ☐
b. Ce gaspillage ☐
c. Cette fatigue ☐
d. S.I. ☐

5 Les nouveaux élèves sont parfois brimés.
a. Dépaysés ☐
b. Victimes de vexations de la part des anciens ☐
c. Ont du mal à s'adapter ☐
d. S.I. ☐

6 Il souffre de cécité.
a. Il est aveugle ☐
b. Il a mal à la tête ☐
c. Il est timide ☐
d. S.I. ☐

7 Il s'est exprimé avec beaucoup de circonlocutions.
a. Beaucoup de discrétion ☐
b. Beaucoup de grossièretés ☐
c. Il a "tourné autour du pot" ☐
d. S.I. ☐

8 **Ils se sont mis à l'écart pour se concerter.**
a. Pour se disputer ☐
b. Pour échanger leurs idées ☐
c. Pour se réconcilier ☐
d. S.I. ☐

9 **Les nouveaux élus se sont congratulés.**
a. Se sont injuriés ☐
b. Se sont félicités avec chaleur ☐
c. Se sont mis d'accord pour une action commune ☐
d. S.I. ☐

10 **Dire que les tisanes sont curatives, c'est indiquer :**
a. Qu'elles soignent ☐
b. Qu'elles font dormir ☐
c. Qu'elles font maigrir ☐
d. S.I. ☐

11 **L'assemblée a délibéré longtemps pour prendre une décision.**
a. A refusé longtemps ☐
b. A discuté longtemps ☐
c. A retardé longtemps le moment de la décision ☐
d. S.I. ☐

12 **Personne n'a été impressionné par ses dénégations.**
a. Par ses insolences ☐
b. Par le fait qu'il ne cessait de nier les faits ☐
c. Par ses affirmations mensongères ☐
d. S.I. ☐

13 **L'une des candidates au titre de Miss Monde s'est désistée.**
a. S'est ridiculisée ☐
b. A retiré sa candidature ☐
c. A été désespérée ☐
d. S.I. ☐

14 **Il travaille avec dextérité.**
a. Avec conscience ☐
b. Avec adresse ☐
c. Avec joie ☐
d. S.I. ☐

15 **Ses paroles ont été jugées diffamatoires.**
a. Portant atteinte à la réputation de quelqu'un ☐
b. De nature à dresser les gens les uns contre les autres ☐
c. Beaucoup trop louangeuses ☐
d. S.I. ☐

16 **Il s'est perdu dans des digressions.**
a. Dans des contradictions ☐
b. Dans des développements hors du sujet ☐
c. Dans des projets irréalisables ☐
d. S.I ☐

17 **Des avis divergents.**
a. Qui s'opposent les uns aux autres ☐
b. Qui s'écartent les uns des autres ☐
c. Qui s'accordent les uns avec les autres ☐
d. S.I. ☐

18 **Une promenade dominicale.**
a. Que l'on fait après le déjeuner ☐
b. Que l'on fait avec ses parents ☐
c. Que l'on fait le dimanche ☐
d. S.I. ☐

19 **Il agit avec fébrilité.**
a. Il prend le temps de réfléchir ☐
b. Il est très agité, comme s'il avait la fièvre ☐
c. Il est très consciencieux ☐
d. S.I. ☐

20 **Un film de fiction.**
a. Qui a une base scientifique ☐
b. Qui concerne l'avenir ☐
c. Dont l'action est imaginée ☐
d. S.I. ☐

21 **Une nourriture frugale.**
a. Simple et peu abondante ☐
b. A base de fruits ☐
c. Qui convient quand il fait froid ☐
d. S.I. ☐

22 **Le début des hostilités.**
a. Le début des épreuves du concours ☐
b. Le début de la guerre ☐
c. Le début des fêtes ☐
d. S.I. ☐

23 **Un commerce illicite.**
a. Qui rapporte de gros bénéfices ☐
b. Qui bénéficie de beaucoup de publicité ☐
c. Interdit par la loi ☐
d. S.I. ☐

24 **Il est mort d'inanition.**
a. Par noyade ☐
b. Par manque de nourriture ☐
c. A la suite de coups violents ☐
d. S.I. ☐

25 **Un message laconique.**
a. Triste ☐
b. Codé ☐
c. Qui comporte peu de mots ☐
d. S.I. ☐

26 Un litige.
- **a.** Ce qui est donné en héritage ☐
- **b.** Une contestation, un désaccord ☐
- **c.** Une limitation ☐
- **d.** S.I. ☐

27 Une personne loquace.
- **a.** Qui n'est pas très courageuse ☐
- **b.** Qui est très sensuelle ☐
- **c.** Qui parle beaucoup ☐
- **d.** S.I. ☐

28 Un métier lucratif.
- **a.** Qui est très fatigant ☐
- **b.** Qui rapporte de l'argent ☐
- **c.** Qui est très intéressant ☐
- **d.** S.I. ☐

29 Acquérir de la notoriété.
- **a.** Devenir connu ☐
- **b.** Acquérir une grande expérience ☐
- **c.** Acquérir de l'autorité ☐
- **d.** S.I. ☐

30 Octroyer un congé supplémentaire.
- **a.** Prendre sans permission ☐
- **b.** Demander, solliciter ☐
- **c.** Accorder, donner ☐
- **d.** S.I. ☐

31 Un témoin oculaire.
- **a.** En qui on ne peut avoir confiance ☐
- **b.** Qui a vu ce qu'il raconte ☐
- **c.** Qui a su passer inaperçu ☐
- **d.** S.I. ☐

32 Opter pour un parti politique.
- **a.** Choisir ce parti ☐
- **b.** Militer pour ce parti ☐
- **c.** Approuver les choix de ce parti ☐
- **d.** S.I. ☐

33 Un état pathologique.
- **a.** On se sent lourd ☐
- **b.** On est malade ☐
- **c.** On est enthousiaste ☐
- **d.** S.I. ☐

34 Une remarque pertinente.
- **a.** Insolente ☐
- **b.** Hors du sujet ☐
- **c.** Qui convient parfaitement ☐
- **d.** S.I. ☐

35 Une explication plausible.
- **a.** Qu'on peut admettre comme vraisemblable ☐
- **b.** Trop compliquée pour qu'on l'accepte ☐
- **c.** Claire et simple ☐
- **d.** S.I. ☐

36 Une œuvre posthume.
- **a.** Publiée après la mort de l'écrivain ☐
- **b.** Qui parle de la mort ☐
- **c.** Qui parle de l'avenir ☐
- **d.** S.I. ☐

37 Postuler un emploi.
- **a.** Abandonner ☐
- **b.** Demander, solliciter ☐
- **c.** Occuper ☐
- **d.** S.I. ☐

38 Il a préconisé un changement d'orientation.
- **a.** Désiré ☐
- **b.** Exclu ☐
- **c.** Recommandé ☐
- **d.** S.I. ☐

39 Une activité prohibée.
- **a.** Recommandée ☐
- **b.** Interdite ☐
- **c.** Très répandue ☐
- **d.** S.I. ☐

40 Se raviser.
- **a.** Retrouver son chemin ☐
- **b.** S'améliorer, après s'être mal conduit ☐
- **c.** Changer d'avis ☐
- **d.** S.I. ☐

Faux (– 1)	
Bon (+ 1)	
S.I. (0)	
Total	

Sur le point de se livrer à une activité prohibée, il se ravisa.

3. Connaissez-vous ces mots de la langue soutenue (aux connotations parfois juridiques ou politiques) ?

Voici une batterie de 60 questions. Vous pouvez y répondre en trois séries de 20 questions. Marquez vos réponses au crayon (S.I. Sens Ignoré). Quand vous avez terminé, calculez votre score et conservez-le. Puis gommez vos réponses... et refaites l'exercice quelques jours plus tard. Vous serez étonné de vos progrès. (Corrigé p. 34).

1 Le décret a été abrogé.
a. Annulé ☐
b. Modifié ☐
c. Adopté ☐
d. S.I. ☐

2 Les discussions ont achoppé.
a. Ont avancé ☐
b. Ont abouti ☐
c. Ont rencontré un obstacle ☐
d. S.I. ☐

3 Ressentir une douleur avec acuité.
a. Avec tristesse ☐
b. De façon intense, aiguë ☐
c. Avec courage ☐
d. S.I. ☐

4 Une installation antédiluvienne.
a. Tellement vieille qu'elle paraît dater d'avant le déluge ☐
b. Destinée à protéger de la pluie ☐
c. Destinée à empêcher les vols ☐
d. S.I. ☐

5 L'apogée de l'empire romain.
a. Le sommet ☐
b. La fin ☐
c. La formation ☐
d. S.I. ☐

6 L'assemblée s'est arrogé des pouvoirs.
a. S'est vantée de ses pouvoirs ☐
b. A limité ses pouvoirs ☐
c. S'est attribué des pouvoirs sans y avoir droit ☐
d. S.I. ☐

7 Un athée.
a. Un homme fatigué ☐
b. Un homme qui ne croit pas en Dieu ☐
c. Un homme qui n'a pas d'emploi stable ☐
d. S.I. ☐

8 Que peut-on augurer de ces résultats ?
a. Craindre ☐
b. Déduire ☐
c. Prévoir ☐
d. S.I. ☐

9 Nul n'est censé ignorer la loi.
a. Personne n'est autorisé à ignorer la loi ☐
b. Personne n'est supposé ignorer la loi ☐
c. Personne n'est assez fou pour ignorer la loi ☐
d. S.I. ☐

10 Obtenir un résultat par la coercition.
a. Par la corruption ☐
b. Par la séduction ☐
c. Par la force ☐
d. S.I. ☐

11 Une collusion entre deux partis.
a. Une entente secrète ☐
b. Une rupture ☐
c. Une dispute ☐
d. S.I. ☐

12 Il faut vivre sans se soucier des contingences.
a. Sans se soucier de faire des économies ☐
b. Sans se soucier des jugements de la société ☐
c. Sans se soucier des petites choses sans importance ☐
d. S.I. ☐

13 Un écrit corrosif.
a. Qui corrompt moralement ☐
b. Qui attaque comme un acide ☐
c. Qui apporte des preuves irréfutables ☐
d. S.I. ☐

14 On redoute la défection des partisans.
a. La révolte ☐
b. La trahison ☐
c. L'abandon ☐
d. S.I. ☐

15 Opérer une dichotomie.
a. Séparer deux éléments ou deux idées en les mettant en opposition très nette ☐
b. Réaliser une opération chirurgicale ☐
c. Réaliser un accord entre deux personnes ☐
d. S.I. ☐

16 Un mode de vie dispendieux.
a. Qui dispense de travailler ☐
b. Qui entraîne des pertes de temps ☐
c. Qui entraîne des dépenses importantes ☐
d. S.I. ☐

17 **On a tout fait pour le dissuader d'agir.**
a. Pour le convaincre d'agir ☐
b. Pour le convaincre d'agir différemment ☐
c. Pour le convaincre de ne pas agir ☐
d. S.I. ☐

18 **Une attitude édifiante.**
a. Qui est positive, constructive ☐
b. Qui constitue un exemple sur le plan moral ☐
c. Qui révèle une bonne éducation ☐
d. S.I. ☐

19 **Des propos édulcorés.**
a. Dont on a éliminé ce qui pouvait blesser ou scandaliser ☐
b. Qui témoignent d'une grande culture ☐
c. Tout à fait embrouillés ☐
d. S.I. ☐

20 **L'effigie d'un roi.**
a. Le récit de sa vie ☐
b. Sa confidente, sa conseillère ☐
c. Son portrait ☐
d. S.I ☐

Faux (– 1)	
Bon (+ 1)	
S.I. (0)	
Total	

21 **Il élude les questions.**
a. Il évite d'y répondre ☐
b. Il sollicite les questions ☐
c. Il les déteste ☐
d. S.I. ☐

22 **Il cherche à endiguer les mécontentements.**
a. A accroître ☐
b. A supprimer ☐
c. A contenir ☐
d. S.I. ☐

23 **La décision a été entérinée.**
a. Annulée juridiquement ☐
b. Acceptée juridiquement ☐
c. Contestée par les opposants ☐
d. S.I. ☐

24 **Un expédient.**
a. Un moyen pour se tirer adroitement d'embarras ☐
b. Un ambassadeur ☐
c. Un envoi par train express ☐
d. S.I. ☐

25 **Des factieux.**
a. Des artisans diplômés ☐
b. Des personnes remplaçant les employés des P.T.T. ☐
c. Des opposants cherchant à créer des troubles ☐
d. S.I. ☐

26 La genèse d'une œuvre.
a. Son analyse ☐
b. Son élaboration ☐
c. Son succès ☐
d. S.I. ☐

27 L'hégémonie de la Grèce.
a. La domination de la Grèce sur les pays voisins ☐
b. Le déclin de la Grèce ☐
c. La civilisation de la Grèce ☐
d. S.I. ☐

28 L'ambassadeur a rencontré son homologue.
a. L'homme qui a le même nom que lui ☐
b. L'homme chargé de le recevoir ☐
c. L'homme qui a la même fonction que lui ☐
d. S.I. ☐

29 Une œuvre hybride.
a. Qui concerne la mer ☐
b. Difficile à caractériser parce qu'appartenant à deux genres différents ☐
c. Qui a pour sujet des légendes mythologiques ☐
d. S.I. ☐

30 Les dangers inhérents à la pratique d'un sport violent.
a. Inséparables de cette pratique ☐
b. Consécutifs à cette pratique ☐
c. Dissimulés et d'autant plus graves ☐
d. S.I. ☐

31 L'innocuité d'un produit. Ce produit :
a. Est très actif ☐
b. Ne peut faire de mal ☐
c. N'est pas encore très connu ☐
d. S.I. ☐

32 Un mécène.
a. Un metteur en scène ☐
b. Un homme qui ne pratique pas de religion ☐
c. Un homme riche qui aide les artistes ☐
d. S.I. ☐

33 Un néophyte.
a. Un nouveau converti à une religion ou à une doctrine ☐
b. Une personne maladroite parce qu'elle exerce une activité nouvelle ☐
c. Un nouveau produit à base de plantes ☐
d. S.I. ☐

34 Cette organisation a eu un rôle occulte.
a. Important ☐
b. Négatif ☐
c. Caché ☐
d. S.I. ☐

35 **Un voyage onéreux.**
a. Nécessaire ☐
b. Coûteux ☐
c. Dangereux ☐
d. S.I. ☐

36 **Être frappé d'ostracisme.**
a. Être exclu d'un groupe ☐
b. Être atteint d'une maladie qui empêche de marcher ☐
c. Avoir sa fortune confisquée ☐
d. S.I. ☐

37 **Un potentat.**
a. Un homme qui a de très grands pouvoirs ☐
b. Un ecclésiastique de haut rang ☐
c. Un homme très populaire ☐
d. S.I. ☐

38 **Être profane en musique.**
a. Aimer passionnément la musique ☐
b. Être chargé de faire connaître la musique ☐
c. Ne pas s'y connaître en musique ☐
d. S.I. ☐

39 **Un peuple prolifique.**
a. Qui est très travailleur ☐
b. Qui a beaucoup d'enfants ☐
c. Qui a beaucoup de ressources ☐
d. S.I. ☐

40 **Une personne prolixe.**
a. Qui parle beaucoup ☐
b. Qui est généreuse ☐
c. Qui est audacieuse ☐
d. S.I. ☐

Faux (– 1)	☐
Bon (+ 1)	☐
S.I. (0)	☐
Total	☐

41 **Dans « L'Émile », Jean-Jacques Rousseau a prôné l'allaitement maternel.**
a. A combattu ☐
b. A recommandé, préconisé ☐
c. A critiqué ☐
d. S.I. ☐

42 **Proroger un délai.**
a. Obtenir ☐
b. Promettre ☐
c. Prolonger ☐
d. S.I. ☐

43 **Ratifier un accord.**
a. Dénoncer, refuser ☐
b. Rendre valable, confirmer ☐
c. Modifier ☐
d. S.I ☐

44 **Il ne faut pas récidiver.**
a. Regretter amèrement ce qui s'est passé ☐
b. Revenir en arrière ☐
c. Recommencer des actes condamnables ☐
d. S.I. ☐

45 **Il passe son temps en récriminations.**
a. En protestations, en réclamations ☐
b. En distractions sans grand intérêt ☐
c. En allées et venues ☐
d. S.I. ☐

46 **L'avocat a l'intention de récuser les conclusions de l'expert.**
a. Reprendre les conclusions de l'expert pour les utiliser ☐
b. Les rejeter en considérant l'expert comme incompétent ☐
c. Ridiculiser ses conclusions ☐
d. S.I. ☐

47 **Une infirmité rédhibitoire.**
a. Qui empêche (par exemple : de trouver un emploi) ☐
b. Qu'on ne peut guérir ☐
c. Qui n'est pas permanente ☐
d. S.I. ☐

48 **Il a réfuté cette théorie.**
a. Ignoré cette théorie ☐
b. Reconnu qu'elle était vraie ☐
c. Prouvé qu'elle était fausse ☐
d. S.I. ☐

49 **Il répudie son passé.**
a. Il rejette son passé ☐
b. Il défend son passé ☐
c. Il rappelle avec regret son passé ☐
d. S.I. ☐

50 **J'ai une requête à vous adresser.**
a. Une réclamation ☐
b. Une somme d'argent ☐
c. Une demande un peu solennelle ☐
d. S.I. ☐

51 **On sentait le docteur réticent.**
a. Il était confiant dans la guérison ☐
b. Il était mécontent ☐
c. Il ne disait pas tout ce qu'il pensait ☐
d. S.I. ☐

52 **L'air de la mer est salubre.**
a. Bon pour la santé ☐
b. Chargé d'une humidité salée ☐
c. Excitant pour les enfants ☐
d. S.I ☐

53 **Il a stipulé les conditions de sa collaboration.**
- **a.** Il a augmenté ses exigences en ce qui concerne ses conditions ☐
- **b.** Il a modifié ses conditions en fonction de circonstances nouvelles ☐
- **c.** Il a fait savoir très clairement ses conditions ☐
- **d.** S.I. ☐

54 **Supputer un résultat.**
- **a.** Trafiquer un résultat ☐
- **b.** Refuser un résultat que l'on considère comme faux ☐
- **c.** Évaluer ce que pourra être ce résultat ☐
- **d.** S.I. ☐

55 **Il ne prenait même pas le temps de se sustenter.**
- **a.** De se reposer ☐
- **b.** De se nourrir ☐
- **c.** De se distraire ☐
- **d.** S.I. ☐

56 **Un homme taciturne.**
- **a.** Qui aime la nuit ☐
- **b.** Qui a mauvais caractère ☐
- **c.** Qui parle peu ☐
- **d.** S.I. ☐

57 **Les pays sous-développés sont tributaires des pays industrialisés.**
- **a.** Dépendent de ces pays ☐
- **b.** Ont des dettes à rembourser à ces pays ☐
- **c.** Doivent être reconnaissants envers ces pays ☐
- **d.** S.I. ☐

58 **Le don d'ubiquité.**
- **a.** Mettre tout le monde d'accord ☐
- **b.** Se trouver à deux endroits en même temps ☐
- **c.** Comprendre et assimiler très vite des informations ☐
- **d.** S.I. ☐

59 **C'est son ultime ressource.**
- **a.** Sa dernière ressource ☐
- **b.** Sa plus grande ressource ☐
- **c.** Sa plus petite ressource ☐
- **d.** S.I. ☐

Faux (– 1)	☐
Bon (+ 1)	☐
S.I. (0)	☐
Total	☐

60 **Usurper une place.**
- **a.** S'emparer d'une place à laquelle on n'a pas droit ☐
- **b.** Convoiter une place ☐
- **c.** Retenir une place ☐
- **d.** S.I. ☐

SCORE FINAL

Votre score au n° 20 :	☐
Votre score au n° 40 :	☐
Votre score au n° 60 :	☐
Total :	☐

4. Mots un peu difficiles.

Ces mots sont-ils un peu ou très difficiles ? Votre score le dira ! Cochez la case correspondant à votre réponse. Quand vous ne savez pas, cochez S.I. (Sens Ignoré). (Corrigé p. 34).

1 Il est coupable de délation.
a. De destruction pour le plaisir ☐
b. De dénonciation particulièrement méprisable ☐
c. D'abandon de sa famille ☐
d. S.I. ☐

2 Faire diligence.
a. Agir avec rapidité et efficacité ☐
b. Observer une période de jeûne ☐
c. Faire diversion pour retarder une décision ☐
d. S.I. ☐

3 Il ne cesse de fulminer contre le gouvernement.
a. De hurler, de tempêter ☐
b. De comploter ☐
c. D'ironiser ☐
d. S.I. ☐

4 On a trouvé l'instigateur du complot.
a. Celui qui a organisé le complot, qui a poussé d'autres personnes à y participer ☐
b. Celui qui était visé par le complot ☐
c. Celui qui a su empêcher le complot ☐
d. S.I. ☐

5 On lui reproche des malversations.
a. Des gestes que la morale condamne ☐
b. Des accusations non fondées ☐
c. Des opérations malhonnêtes portant sur des sommes d'argent ☐
d. S.I. ☐

6 Le pays a connu une période de marasme.
a. Une période de division ☐
b. Une période de reprise économique ☐
c. Une période de stagnation ☐
d. S.I. ☐

7 Les reproches qu'on lui adressa étaient mitigés.
a. Pas aussi rigoureux que ce qu'il attendait ☐
b. Tout à fait justifiés ☐
c. Injustes ☐
d. S.I. ☐

8 **C'est un homme plein de morgue.**
a. Qui a une attitude hautaine et méprisante ☐
b. Qui a beaucoup d'amertume ☐
c. Qui a beaucoup d'influence ☐
d. S.I. ☐

9 **Venise fut longtemps une ville opulente.**
a. Où la vie artistique était brillante ☐
b. Où les richesses étaient abondantes ☐
c. Où l'agitation politique était constante ☐
d. S.I. ☐

10 **On ne connaît pas le potentiel militaire de ce pays.**
a. La politique militaire prévue ☐
b. Les forces militaires dont il dispose ☐
c. Son organisation actuelle sur le plan militaire ☐
d. S.I. ☐

11 **Une demande à réitérer.**
a. A retirer ☐
b. A renouveler ☐
c. A éviter ☐
d. S.I. ☐

12 **Saper l'autorité.**
a. Détruire à la base ☐
b. Renforcer ☐
c. Reconnaître ☐
d. S.I. ☐

13 **Une sinécure.**
a. Un séjour dans une station thermale ☐
b. Un refus officiel ☐
c. Un emploi où l'on n'a presque rien à faire ☐
d. S.I. ☐

14 **Un soliloque.**
a. Une demande concernant son propre intérêt ☐
b. Un monologue intérieur ☐
c. Une promenade solitaire ☐
d. S.I. ☐

15 **Une éducation spartiate.**
a. Très exigeante et dure ☐
b. Qui accorde une grande place à la spiritualité ☐
c. Qui laisse beaucoup de liberté ☐
d. S.I. ☐

16 **Spolier une personne.**
a. La flatter pour obtenir son appui ☐
b. La pervertir moralement ☐
c. La déposséder par la violence ou la ruse ☐
d. S.I. ☐

17 Des propos subversifs.
a. Qui ne conviennent pas, déplacés ☐
b. Qui cherchent à renverser l'ordre établi ☐
c. Qui provoquent la surprise ☐
d. S.I ☐

18 Une intervention superfétatoire.
a. Qui s'ajoute inutilement à celles déjà faites ☐
b. Très supérieure à celles déjà faites ☐
c. Destinée à soutenir un candidat ☐
d. S.I. ☐

19 Il se targue de réussir vite.
a. Il s'engage à réussir vite ☐
b. Il se vante de réussir vite ☐
c. Il se moque de réussir vite ☐
d. S.I. ☐

20 On fut surpris de sa vélocité.
a. De son habileté ☐
b. De sa bonne volonté ☐
c. De sa rapidité ☐
d. S.I. ☐

Faux (– 1)	
Bon (+ 1)	
S.I. (0)	
Total	

Il se targuait de réussir ;
on fut surpris de sa vélocité.

5. Mots un peu plus difficiles.

Un français moyen aurait-il... la moyenne ? Essayez ! Cochez la case de votre choix. Cochez S.I. (Sens Ignoré) quand vous ne savez pas. (Corrigé p. 34).

Que signifie...

1 ... des avatars ?
a. Des transformations complètes ☐
b. Des sortes d'avertissements ☐
c. Des racontars ☐
d. S.I. ☐

2 ... un antidote ?
a. Ce qui précède un événement ☐
b. Un opposant à une loi ☐
c. Un contrepoison (s.p.) ou un remède à un mal moral (s.f.) ☐
d. S.I. ☐

3 ... cautionner une entreprise ?
a. Lui apporter une garantie morale ou financière ☒
b. L'examiner la tester ☐
c. La faire fermer ☐
d S.I. ☐

4 ... un dément ?
a. L'abandon d'une promesse ☐
b. Une personne atteinte d'une grave maladie mentale ☐
c. Une forme de destruction ☐
d. S.I. ☐

5 ... un dilettante ?
a. Une personne qui est toujours en retard ☐
b. Une personne qui crée du désordre ☐
c. Une personne qui exerce une activité en amateur ☒
d. S.I. ☐

6 ... duper quelqu'un ?
a. Le tromper ☒
b. Le recruter pour un travail ☐
c. Le stimuler ☐
d. S.I. ☐

7 ... des élucubrations ?
a. Le résultat de réflexions laborieuses qui n'ont pas beaucoup de sens ☐
b. Des éclaircissements sur une affaire embrouillée ☐
c. Des escalades très dangereuses en montagne ☐
d. S.I. ☐

8 ... **agir avec duplicité ?**
a. Avec efficacité ☐
b. Avec rapidité ☐
c. Avec hypocrisie, comme quelqu'un qui joue double jeu ☐
d. S.I. ☐

9 ... **une information erronée ?**
a. Confuse ☐
b. Fausse ☐
c. Incomplète ☐
d. S.I. ☐

10 ... **un érudit ?**
a. Une sorte de vagabond ☐
b. Un manuscrit de grande valeur ☐
c. Une personne qui a des connaissances approfondies dans une matière ☐
d. S.I. ☐

11 ... **un chat famélique ?**
a. Affectueux, qui se plaît à la maison ☐
b. Amaigri par le manque de nourriture ☐
c. De race très pure ; qui peut participer à des concours ☐
d. S.I. ☐

12 ... **haranguer une foule ?**
a. La canaliser pour qu'il n'y ait pas d'incident ☐
b. Lui faire un discours ☐
c. Tenter de la séduire ☐
d. S.I. ☐

13 ... **une idylle ?**
a. Une aventure amoureuse tendre et naïve ☐
b. Une charmante promenade en bateau ☐
c. Une soirée paisible ☐
d. S.I. ☐

14 ... **un insulaire ?**
a. Un habitant d'une île ☐
b. Une personne qui aime vivre seule ☐
c. Une personne qui s'est révoltée ☐
d. S.I. ☐

15 ... **avoir la latitude de faire quelque chose ?**
a. L'envie très forte d'agir ☐
b. La possibilité d'agir librement ☐
c. La possibilité de prendre son temps ☐
d. S.I. ☐

16 ... **un mandataire ?**
a. Un commerçant en gros ☐
b. Une personne qui agit pour le compte d'une autre ☒
c. Un employé de banque ☐
d. S.I. ☐

17 **... un millésime ?**
- **a.** Un chiffre qui indique la date de certains produits ou objets ☐
- **b.** Une somme de mille unités ☐
- **c.** Une bonne récolte (en particulier pour les vins) ☐
- **d.** S.I. ☐

18 **... un pactole ?**
- **a.** Un jeu télévisé ☐
- **b.** Un trésor, une source de richesse ☐
- **c.** Un pari ☐
- **d.** S.I. ☐

19 **... un homme suffisant ?**
- **a.** Très satisfait de lui-même ☐
- **b.** Qui a les compétences requises pour occuper un poste ☐
- **c.** Qui a rempli un contrat ☐
- **d.** S.I. ☐

20 **... une personne volubile ?**
- **a.** Qui parle beaucoup ☐
- **b.** Très gaie ☐
- **c.** Qui voyage beaucoup ☐
- **d.** S.I. ☐

Faux (– 1)	
Bon (+ 1)	
S.I. (0)	
Total	

Les jeux télévisés sont pour lui un vrai pactole. Sa réussite a fait de ce timide un homme suffisant et volubile.

6. Mots encore plus difficiles.

Qui est le plus fort ? Le questionnaire ou celui qui y répond ? Essayez ! Cochez la bonne réponse si vous le pouvez. Sinon cochez S.I. (Sens Ignoré). (Corrigé p. 34).

Que signifie...

1 ... agir avec circonspection ?
- **a.** Avec beaucoup de ruse et de mauvaise foi ☐
- **b.** Avec beaucoup d'empressement ☐
- **c.** Avec beaucoup de prudence, en se surveillant ☐
- **d.** S.I. ☐

2 ... un ferment de discorde ?
- **a.** Ce qui permet de mettre fin à la discorde ☐
- **b.** Ce qui provoque la discorde ☐
- **c.** Un des points du désaccord ☐
- **d.** S.I. ☐

3 ... agir par gloriole ?
- **a.** Par vanité, pour se faire remarquer ☐
- **b.** Par inconscience, en écervelé ☐
- **c.** Par intérêt, en cherchant le profit ☐
- **d.** S.I. ☐

4 ... agir à l'instar de quelqu'un ?
- **a.** En suivant son exemple ☐
- **b.** Contre son intérêt ☐
- **c.** Dans le but de l'aider ☐
- **d.** S.I. ☐

5 ... être masochiste ?
- **a.** Trouver une jouissance dans la souffrance et donc la rechercher ☐
- **b.** Rejeter toute autorité, toute règle ☐
- **c.** Appartenir à une secte religieuse ☐
- **d.** S.I. ☐

6 ... une opération médiatique ?
- **a.** Dont les résultats sont médiocres ☐
- **b.** Qui a pour but de réaliser un accord ☐
- **c.** Qui passe par les médias (par exemple la télévision) ☐
- **d.** S.I. ☐

7 ... une aide pécuniaire ?
- **a.** Une aide donnée par les parents ☐
- **b.** Une aide provisoire, pour dépanner ☐
- **c.** Une aide en argent ☐
- **d.** S.I. ☐

8 **... des <u>pérégrinations</u> ?**
a. Des déplacements en de nombreux endroits ☐
b. Des développements hors du sujet dans un discours ☐
c. Des exploits dangereux ☐
d. S.I. ☐

9 **... un exemple <u>pernicieux</u> ?**
a. Convenant parfaitement pour illustrer une idée ☐
b. Dangereux pour la santé ou nuisible moralement ☐
c. Ne convenant pas, mal choisi ☐
d. S.I. ☐

10 **... une <u>phobie</u> ?**
a. Le fait de désirer une chose extravagante ☐
b. Une peur maladive ☐
c. Une difficulté de prononciation ☐
d. S.I. ☐

11 **... une récolte <u>pléthorique</u>.**
a. De mauvaise qualité, qui risque de pourrir ☐
b. Très maigre ☐
c. Très abondante ☐
d. S.I. ☐

12 **... un <u>prélude</u> ?**
a. Un petit intermède entre deux émissions de télévision ☐
b. Ce qui annonce ou constitue le début d'une œuvre ou d'un événement ☐
c. Ce qui permet de se protéger d'un danger ☐
d. S.I. ☐

13 **... un résultat <u>probant</u> ?**
a. Qui est partiel donc insuffisant ☐
b. Qui apporte une preuve, qui est convaincant ☐
c. Qui n'est pas sûr ☐
d. S.I. ☐

14 **... un <u>quorum</u> ?**
a. La grande place où les habitants se réunissaient dans l'Antiquité romaine ☐
b. Une chorale spécialisée dans le chant religieux ☐
c. Le nombre minimum de membres présents pour que les décisions d'une assemblée soient valables ☐
d. S.I. ☐

15 **... un <u>réquisitoire</u> ?**
a. Un enrôlement de force ☐
b. Un endroit d'où l'on peut contempler un panorama ☐
c. Un discours d'accusation contre quelqu'un ☐
d. S.I. ☐

16 **... une scission ?**
- **a.** Une séparation intervenant à la suite d'un désaccord ☐
- **b.** Une période pendant laquelle siège un jury ou un tribunal ☐
- **c.** Une invitation ☐
- **d.** S.I. ☐

17 **... un tollé ?**
- **a.** Des protestations générales très véhémentes ☐
- **b.** Une marque d'indulgence ☐
- **c.** Une courte peine d'emprisonnement ☐
- **d.** S.I. ☐

18 **... un transfuge ?**
- **a.** Une personne qui abandonne un parti pour le parti adverse ☐
- **b.** Une opération en bourse ☐
- **c.** Une passation de pouvoir ☐
- **d.** S.I. ☐

19 **... un vandale ?**
- **a.** Une personne vaniteuse ☐
- **b.** Une personne habitant un pays lointain ☐
- **c.** Une personne qui détruit stupidement des œuvres de valeur ☐
- **d.** S.I. ☐

20 **... mentir sans vergogne ?**
- **a.** Sans difficulté ☐
- **b.** Sans honte, sans pudeur ☐
- **c.** Sans raison, pour le plaisir ☐
- **d.** S.I. ☐

Faux (– 1)	
Bon (+ 1)	
S.I. (0)	
Total	

Le transfuge de notre équipe,
visant un succès médiatique,
mentait tant et plus.
Ce fut un tollé général.

1re SÉRIE : LES Q.C.M.

1. Comprenez-vous le discours des médias ?

1 b	6 c	11 b	16 c	21 c	26 b	31 b	36 a
2 c	7 c	12 b	17 b	22 c	27 c	32 a	37 c
3 b	8 c	13 b	18 a	23 a	28 b	33 a	
4 a	9 c	14 b	19 a	24 b	29 a	34 c	
5 b	10 a	15 c	20 c	25 a	30 b	35 a	

2. Connaissez-vous ces mots plutôt faciles ?

1 c	6 a	11 b	16 b	21 a	26 b	31 b	36 a
2 b	7 c	12 b	17 b	22 b	27 c	32 a	37 b
3 a	8 b	13 b	18 c	23 c	28 b	33 b	38 c
4 a	9 b	14 b	19 b	24 b	29 a	34 c	39 b
5 b	10 a	15 a	20 c	25 c	30 c	35 a	40 c

3. Connaissez-vous ces mots de la langue soutenue ?

1 a	9 b	17 c	25 c	33 a	41 b	49 a	57 a
2 c	10 c	18 b	26 b	34 c	42 c	50 c	58 b
3 b	11 a	19 a	27 a	35 b	43 b	51 c	59 a
4 a	12 c	20 c	28 c	36 a	44 c	52 a	60 a
5 a	13 b	21 a	29 b	37 a	45 a	53 c	
6 c	14 c	22 c	30 a	38 c	46 b	54 c	
7 b	15 a	23 b	31 b	39 b	47 a	55 b	
8 c	16 c	24 a	32 c	40 a	48 c	56 c	

4. Mots un peu difficiles.

1 b	4 a	7 a	10 b	13 c	16 c	19 b
2 a	5 c	8 a	11 b	14 b	17 b	20 c
3 a	6 c	9 b	12 a	15 a	18 a	

5. Mots un peu plus difficiles.

1 a	4 b	7 a	10 c	13 a	16 b	19 a
2 c	5 c	8 c	11 b	14 a	17 a	20 a
3 a	6 a	9 b	12 b	15 b	18 b	

6. Mots encore plus difficiles.

1 c	4 a	7 c	10 b	13 b	16 a	19 c
2 b	5 a	8 a	11 c	14 c	17 a	20 b
3 a	6 c	9 b	12 b	15 c	18 a	

2e SÉRIE : VINGT CHAMPS LEXICAUX

Le labour des champs lexicaux

*On désigne par **champ lexical** un ensemble de mots se rapportant soit à une même réalité, soit à une même idée.*
Dans les exercices qui suivent, complétez les phrases illustrant les définitions par les mots placés en tête dans l'encadré.

1. Le vocabulaire du raisonnement

Réfléchissez et raisonnez, vous retrouverez sans peine le mot qui convient pour chaque phrase. (Corrigé p. 83).

abstrait	**corroborer**	**une extrapolation**	**infirmer**
antinomique	**un critère**	**impliquer**	**intrinsèque**
un concept	**un dilemme**	**une incidence**	**un paramètre**
une conjonction	**une disjonction**	**une induction**	**un phénomène**
une corrélation	**empirique**	**inférer**	**un postulat**

1 Ce qui est séparé, isolé par la pensée.
La blancheur d'un tissu est une notion ____________ par rapport au tissu lui-même.

2 Action de séparer deux idées, deux phénomènes.
Opérer une ____________.

3 Ce qui sert de base à un jugement ou à un choix.
La valeur d'une œuvre littéraire n'est pas déterminée par un seul ______.

4 Sens courant : ce qui prolonge des faits observés par des hypothèses allant dans le même sens.
Les auteurs de science-fiction construisent souvent leurs œuvres sur une ____________.

5 Lien, rapport réciproque qui fait que deux phénomènes varient l'un en fonction de l'autre.
Il y a une ____________ entre les accidents de la route et les mauvaises conditions météorologiques.

6 Union, rencontre de deux phénomènes, lien entre deux mots ou deux propositions.
La ____________ de la chaleur et de la sécheresse donne un vin excellent.

7 Outil intellectuel fondamental qui englobe les propriétés de tous les individus ou de tous les objets qu'il nomme.
Le ____________ d'homme indique qu'il s'agit d'un être mortel, doué de pensée et de parole, ayant une apparence physique et une activité similaires à la nôtre.

8 Situation dans laquelle on doit choisir entre deux décisions.
Mac-Mahon se trouva devant un ____________ : se soumettre ou se démettre.

9 Sens courant : élément intervenant dans le fonctionnement d'un phénomène.
L'amélioration de l'emploi dépend de plusieurs ____________.

10 Ce qui se passe dans l'espace ou dans le temps et qui est constaté par l'observation, (à distinguer du mot, de sens voisin, « fait », qui a une acception plus large, moins spécialisée).
L'apparition d'une comète est un ____________ astronomique.
La visite d'un homme d'État étranger est un fait purement politique.

11 Démarche intellectuelle qui consiste à remonter des faits constatés à leur cause ou à une loi, par le raisonnement ou l'intuition.
Raisonner par ____________.

12 Conséquence, effet, répercussion, sur un fait ou un phénomène.
La sécheresse a une ____________ sur les récoltes.

13 Principe indémontrable, que l'on admet comme base de démonstration.
Certaines démonstrations mathématiques partent de ____________.

14 Qui est tiré de l'expérience, de la simple observation des faits.
Une connaissance ____________.

15 Qui indique une opposition totale entre deux principes.
Vérité et erreur sont ____________.

16 Qualité qui appartient en propre à un objet, indépendamment de tout facteur externe.
La valeur ____________ d'un objet.

17 Confirmer, renforcer une thèse, une opinion, en montrant qu'elle est vraie.
Les journalistes attendent des informations qui ____________ ce qui vient d'être annoncé.

18 Entraîner une conséquence inéluctable même si ce n'est pas dit.
Votre opposition ____________ votre démission.

19 Tirer une conséquence d'un fait.
____________ la culpabilité d'un accusé, de la déposition d'un témoin.

20 Diminuer l'autorité, la crédibilité d'une preuve ou d'un témoignage.
Une seconde enquête a ____________ les conclusions de la première.

2. Le temps

Prenez le temps... de bien choisir un mot dans l'encadré pour chaque phrase. (Corrigé p. 83).

un anachronisme	**fugace**	**un prologue**	**révolu**
caduc	**un hiatus**	**la prospective**	**séculaire**
concomitant	**invétéré**	**récurrent**	**sporadique**
contemporain	**la pérennité**	**une réminiscence**	**ultérieur**
désuet	**prémonitoire**	**rétrospectif**	**vétuste**

1 Caractère de ce qui dure très longtemps.
La ____________ d'une institution.

2 Souvenir qui revient à l'esprit d'une façon vague, incomplète.
Une ____________ de l'enfance.

3 Qui est placé à une époque différente de celle à laquelle il appartient.
Dans un film, faire circuler une diligence dans une ville moderne est un ____________.

4 Interruption dans ce qui devrait être continu, dans ce qui devrait se succéder normalement.
Le dimanche est un ____________ dans les périodes de travail.

5 Période préliminaire, ce qui précède.
La période qui va de 1780 à 1789 est le ____________ de la révolution.

6 Études concernant le développement futur de l'humanité ou de la civilisation.
Les économistes doivent faire de la ____________.

7 Qui arrivera ensuite, dans le futur.
Il faut attendre les développements ____________ de cette affaire.

8 Qui est vieillot, démodé, qui n'est plus en usage.
Baiser la main des dames est un usage ____________.

9 Qui a une habitude tellement enracinée qu'il ne peut s'en défaire.
C'est un fumeur ____________.

10 Qui se produit au même moment qu'un autre fait (synonyme de « simultané »).
Des symptômes ____________.

11 Vieux, abîmé par le temps.
Un immeuble ____________.

12 Qui est totalement terminé, accompli.
Une époque ____________

13 Qui dure peu, qui disparaît rapidement.
Une impression ______________.

14 Qui annonce l'avenir comme en une sorte d'avertissement étrange.
Un rêve ______________.

15 Qui est dépassé, périmé, qui n'a plus cours ; se dit notamment pour ce qui est juridique ou scientifique.
Une théorie ______________.

16 Qui se produit de temps en temps, à intervalles irréguliers.
Des révoltes ______________.

17 Qui se produit, se répète plusieurs fois. Se dit notamment dans le domaine scientifique ou pour une maladie.
Un phénomène ______________.

18 Vieux d'un ou de plusieurs siècles.
Une forêt ______________.

19 Qui se rapporte à un fait passé.
Il éprouve une terreur ______________ en repensant à la catastrophe dans laquelle il a été pris.

20 Se dit de ce qui appartient à la même époque. S'emploie notamment pour ce qui appartient à l'époque actuelle (s'emploie également comme nom).
Un poète ______________ de Baudelaire.
Un artiste ______________.

Pour un contemporain, il avait des manières désuètes qui témoignaient d'une époque révolue.

3. Le lieu

Mouvements vers l'intérieur ou vers l'extérieur, au sens propre (s.p.) ou surtout au sens figuré (s.f.)
Chaque mot à sa place ! (Corrigé p. 83).

ancrer	**une émergence**	**s'immiscer**	**un périple**
un champ	**un exode**	**inculquer**	**reclus**
la claustration	**l'exotisme**	**infus**	**rustique**
cosmopolite	**extirper**	**s'ingérer**	**sédentaire**
un dédale	**un exutoire**	**un intrus**	**sonder**

1 Le fait de vivre enfermé dans un lieu clos, par force.
Souffrir d'une longue ______________.

2 s.p. Le fait de sortir du milieu où l'on est plongé.
s.f. Le fait d'apparaître, de se manifester.
L'______________ de nouvelles demandes dans l'utilisation des loisirs.

3 Caractère de ce qui est étranger à la civilisation où l'on vit, de ce qui appartient à des pays lointains.
Les romans de Pierre Loti ont plu par leur ______________.

4 Personne qui s'introduit dans un lieu ou dans un groupe sans y être invitée, sans y avoir droit.
Il faut refouler les ______________.

5 s.p. Grand voyage d'exploration autour d'une mer
s.f. Grand voyage qui ramène au point de départ.
Il a effectué un grand ______________ pendant ses vacances.

6 s.p. Nom de l'architecte légendaire du labyrinthe du Minotaure en Crète ; d'où : lieu où l'on risque de se perdre à cause de la complication des chemins.
s.f. Ensemble embrouillé de notions où l'esprit peut se perdre.
Le ______________ des lois.

7 Domaine concret ou abstrait où peut se déployer une activité.
Le ______________ de la recherche en biologie.

8 Migration, départ en masse d'une population.
L'______________ rural.

9 Moyen de se défouler d'un état pénible.
Un ______________ à sa colère.

10 Se dit d'une personne qui vit enfermée, à l'écart de la vie en société généralement par choix.
Vivre en ______________.

11 s.p. Qui caractérise la campagne.
s.f. Qui est robuste, peu sensible et demande peu de soins ; qui est simple, peu raffiné, un peu primitif.
La vie ____________.

12 Qualifie un savoir obtenu sans avoir étudié ou travaillé.
Avoir la science ____________.

13 Se dit d'un lieu ou d'un groupe où se trouvent des personnes de toutes les nationalités.
Un quartier ____________.

14 Qui ne se déplace pas ou qui n'exige pas de déplacements.
Une activité ____________.

15 s.p. Arracher, déraciner.
s.f. Faire disparaître radicalement, complètement quelque chose (parfois avec difficulté).
____________ un abus.

16 Fixer solidement, enfoncer dans l'esprit de quelqu'un (s.f.).
C'est une idée bien ____________ dans son esprit.

17 Faire entrer dans l'esprit, de façon durable et profonde, des données intellectuelles ou morales.
____________ de bons principes à ses enfants.

18 Chercher à connaître des intentions, des opinions (s.f.).
____________ une personne pour se faire une idée de ses intentions.

19 S'introduire, intervenir sans en avoir le droit dans une affaire (connotation juridique ou politique).
S'____________ dans la politique intérieure d'un État.

20 Se mêler de façon indiscrète d'une affaire, s'introduire dans un groupe (plus courant que 19).
S'____________ dans la vie privée de quelqu'un.

Féru d'exotisme, mais ancré dans une vie sédentaire, il voyage beaucoup à travers les livres.

4. L'ordre de grandeur et d'importance

L'important, c'est de savoir de quoi l'on parle : placez chaque mot où il faut. (Corrigé p. 83).

s'amenuiser	**décimer**	**omniscient**	**subalterne**
anodin	**éminent**	**prépondérant**	**subsidiaire**
bénin	**une hécatombe**	**recenser**	**supplanter**
crucial	**une myriade**	**la recrudescence**	**titanesque**
cyclopéen	**omnipotent**	**sommaire**	**virulent**

1 Retour brusque, sous une forme plus violente, plus intense.
La _____________ des combats.

2 s.p. Dans l'Antiquité, sacrifice de cent bœufs aux dieux.
s.f. Massacre d'un grand nombre d'hommes ou d'animaux ; (sens particulier : grand nombre de refusés à un examen).
Une _____________ de bisons.

3 s.p. Quantité considérable se comptant par dizaines de mille.
s.f. Très grand nombre.
Une _____________ d'étoiles.

4 Qualifie le fait d'occuper un rang inférieur par rapport à une autre personne ou à une autre chose.
Un emploi _____________.

5 Qui ne présente aucun danger, qui a peu d'effet, qui est insignifiant
Des propos _____________.
Un remède _____________.

6 Très important ; se dit à propos d'un choix, d'une période de la vie
Une année _____________.

7 s.p. Se dit de microbes très actifs.
s.f. Qui est violent, mordant, plein d'âpreté.
Une critique _____________.

8 Qui est résumé très brièvement, qui est réduit à sa forme la plus simple, la plus rapide, la plus élémentaire.
Un habillement _____________. Un jugement _____________

9 Par allusion à des géants de la mythologie grecque : énorme, gigantesque
Un barrage _____________.

10 Qui n'est pas grave
Un accident _____________.

11 Par allusion aux géants fondateurs dans la mythologie grecque : gigantesque, surhumain.
Une entreprise _____________

12 Au-dessus du commun, qui atteint un degré élevé.
Un homme ______________.

13 Qui est accessoire, qui vient en second lieu.
Une question ______________.

14 Qui a plus de poids, qui l'emporte en autorité ou en importance.
Un rôle ______________.

15 Tout-puissant, d'une puissance absolue.
Un être ______________.

16 Qui sait tout.
Le romancier est ______________.

17 Passer devant quelqu'un et prendre sa place. Se dit aussi pour une chose.
______________ un concurrent.

18 Devenir de plus en plus petit, de plus en plus mince.
Un espoir qui ______________.

19 Compter, faire un dénombrement en détail.
______________ la population d'un pays.

20 s.p. Faire périr une personne sur dix.
s.f. Faire périr en grand nombre.
Une population ______________ par la guerre.

L'institut international des océans a recensé les baleines bleues.
Une véritable hécatombe a décimé cette population.

5. Quantités et qualités

Parler un français de qualité, c'est employer le mot juste. Essayez ! (Corrigé p. 83).

un adjuvant	**au détriment**	**impartir**	**péricliter**
annihiler	**dilapider**	**indigent**	**radical**
une carence	**émousser**	**nanti**	**un reliquat**
défalquer	**exhaustif**	**la parcimonie**	**résorber**
défrayer	**le faste**	**la pénurie**	**la satiété**

1 Ce qui reste à payer ou à percevoir.
Payer un ______________.

2 Ce que l'on ajoute, ce qui aide, ce qui renforce ou stimule.
Un ______________ à un traitement.

3 Manque grave d'une chose nécessaire.
Une ______________ de main-d'œuvre.

4 Déploiement de luxe, de magnificence.
Le ______________ d'une cérémonie.

5 Manque, insuffisance.
Une ______________ en vitamines.
Fait de manquer à ses obligations.
La ______________ des autorités responsables.

6 s.p. État d'une personne totalement rassasiée, qui a bu ou mangé jusqu'à en être un peu dégoûtée.
s.f. État de fatigue provoqué, par exemple, par la répétition ou l'abondance d'une chose.
Atteindre la ______________.

7 Économie mesquine, sur les petites choses ; le fait de compter, de mesurer ce qu'on donne.
Donner de l'argent avec ______________.

8 Désavantage, préjudice.
Baisser les prix au ______________ de la qualité.

9 Synonyme de pourvu, notamment en fortune.
Une personne ______________.

10 Qui épuise à fond un sujet, qui le traite complètement.
Une étude ______________.

11 s.p. Qui manque des choses les plus nécessaires.
Une famille ______________. (Nom : un ______________).
s.f. Qui est d'une grande pauvreté intellectuelle.
Un exposé ______________.

12 Total, complet, qui va jusqu'au fond des choses.
Un changement ______________.

13 Dépérir, aller à la ruine.
Un commerce qui ______________.

14 Accorder (s'emploie surtout au participe passé).
Un délai ______________.

15 Réduire à rien, anéantir ou paralyser la volonté, la détruire.
La résistance a été ______________.

16 Retrancher d'une somme, d'une quantité.
______________ ses frais professionnels de ses impôts.

17 Dépenser à tort et à travers, gaspiller.
______________ sa fortune.

18 Faire disparaître peu à peu un élément dangereux ou inquiétant.
______________ le chômage.

19 Rendre moins vif, moins aigu, affaiblir.
Avoir le goût______________ ; une lame ______________.

20 s.p. Décharger quelqu'un de ses frais, prendre en charge ses dépenses.
______________ quelqu'un pour son voyage.

Voyez ce qu'il a dilapidé ! Son commerce périclite complètement...

6. Quelques contraires

Le vrai, le faux/le normal, l'anormal/l'ordre, le désordre/le réel, l'irréel/le certain, l'incertain, le supposé... On ne peut pas dire une chose et son contraire : choisissez ! (Corrigé p. 83).

une aberration	**le chaos**	**fallacieux**	**leurrer**
accréditer	**dénaturer**	**falsifier**	**la norme**
aléatoire	**une distorsion**	**fortuit**	**orthodoxe**
altéré	**éventuel**	**frelaté**	**potentiel**
apocalyptique	**factice**	**insidieux**	**problématique**

1 s.p. Grande confusion qui régnait avant la création du monde.
s.f. Entassement désordonné, grand désordre.
Un pays dans le ______________.

2 s.p. En sciences : déformation.
s.f. Écart, différence regrettable.
Une ______________ entre l'offre et la demande.

3 s.p. En sciences : déviation.
s.f. Erreur de jugement qui va jusqu'à l'absurde.
Il a agi dans un moment d'______________.

4 Ce qui doit être.
Ce qui est habituellement.
Ne pas s'écarter de la ______________.

5 Qui se produit par hasard, de façon imprévue.
Une rencontre ______________.

6 Qui évoque des catastrophes terribles, des événements épouvantables comme s'il s'agissait de la fin du monde.
Des prévisions ______________.

7 Incertain, problématique, qui dépend des circonstances ou même du hasard.
Un résultat ______________.

8 Qui existe en puissance, virtuellement.
Un risque ______________.

9 Qui cherche à faire tomber dans un piège, qui agit sournoisement.
Une question ______________.

10 Qui est conforme à une doctrine.
Une prise de position ______________.

11 Qui est mensonger, trompeur, fait pour induire en erreur
Une promesse ______________

12 s.p. Qui est faux, imité, artificiel.
Un étalage ______________.
s.f. Qui n'est pas naturel, faux, forcé.
Une gaieté ______________.

13 Qui est possible, qui peut se produire, hypothétique.
Une arrivée ______________.

14 s.p. Changer la nature d'une chose en y ajoutant un produit.
______________ le goût d'une substance.
s.f. Apporter des modifications qui faussent le sens d'un texte ou d'un discours.
______________ les propos de quelqu'un.

15 Tromper volontairement, attirer, appâter par des espérances séduisantes mais trompeuses.
______________ une personne.

16 Modifier quelque chose dans le but de tromper (connotation juridique ou morale).
______________ une signature.

17 s.p. Qui a été dénaturé, modifié en vue de tromper.
Un produit ______________.
s.f. Connotation morale : qui n'est pas pur, qui n'est pas naturel.
La vie ______________ des grandes villes.

18 Dont l'existence, la solution, le résultat, est incertain.
Un succès ______________.

19 Modifié, changé dans son aspect, le plus souvent en moins bien.
Un produit ______________ par la chaleur.
Une voix ______________ par l'émotion.

20 Faire croire, présenter comme vrai.
______________ une nouvelle.

Les consommateurs ne se laissent plus leurrer par des produits dénaturés, falsifiés, frelatés.

7. Le clair et l'obscur

Soyez clair : utilisez le mot qui convient. (Corrigé p. 84).

cabalistique	équivoque	latent	obnubiler
divulguer	ésotérique	manifeste	patent
élucider	flagrant	nébuleux	sciemment
énigmatique	implicite	notoire	subodorer
s'enquérir	à l'insu de	oblitérer	subreptice

(Les termes *manifeste, flagrant, patent, notoire,* ont des sens très proches. Les exemples vous indiquent les nuances d'emploi. Il en est de même pour *énigmatique, ésotérique, cabalistique*).

1 Confus, qui manque de clarté, de netteté (comme obscurci par un nuage).
Un projet ______________.

2 Qui conduit à s'interroger, difficile à connaître, à comprendre.
Un personnage ______________.

3 Par référence à une science occulte : mystérieux, incompréhensible.
Des signes ______________.

4 Par référence à une forme d'enseignement antique, connaissance ou œuvre qui ne peut être accessible qu'à des initiés.
Une poésie ______________.

5 Qui est contenu dans une proposition sans être formulé.
Une condition ______________.

6 Qui éclate aux yeux de tous, de façon évidente.
Une injustice ______________.

7 Qui peut s'interpréter de différentes manières, qui n'est pas clair.
Des propos ______________.
Qui est même un peu douteux.
Une attitude ______________.

8 Qui apparaît évident aux yeux de tous (langue soutenue).
Un fait ______________.

9 Visible, évident, synonyme de flagrant, de patent.
Une erreur ______________.

10 Qui est connu de tous, public.
Une inconduite ______________.

11 Qui reste interne, dont on ne peut s'apercevoir.
Une insatisfaction ______________.

12 En pleine connaissance de cause, en sachant clairement ce que l'on fait.
Agir ______________.

13 Qui se fait furtivement, en se cachant, pour arriver à ses fins.
Une manœuvre ______________.

14 Sans que la chose soit sue, en se cachant de quelqu'un.
Faire une démarche ______________ de ses parents.

15 Obscurcir l'esprit, l'obséder au point qu'on ne peut penser à autre chose (souvent à la forme passive).
Il est ______________ par le désir de gagner de l'argent.

16 Faire la lumière sur un fait compliqué ou obscur.
______________ une ténébreuse affaire.

17 Révéler, rendre public ce qui devait rester caché.
______________ une information confidentielle.

18 Pressentir, deviner, soupçonner quelque chose qui est caché.
______________ la vérité.

19 Se renseigner, s'informer (langue soutenue).
______________ du sort des prisonniers.

20 Effacer, recouvrir (langue littéraire).
Le temps ______________ les souvenirs.

Le vol était si manifeste qu'il n'a pu nier le flagrant délit.

8. D'accord, pas d'accord

Employez le mot juste... d'accord ? (Corrigé p. 84).

acquiescer	être de connivence	la dissidence	(être) (d') intelligence avec
agréer	une convention	une dissonance	se rallier
antagoniste	la convivialité	se formaliser	qui sied
braver	la cooptation	frayer avec quelqu'un	transiger
clivage	dénier	grégaire	
se coaliser			

1 s.p. Rencontre de sons inharmonieux.
s.f. Manifestation d'un désaccord dans ce qui devrait être harmonieux, le fait de sonner faux.
Des ______________ dans une amitié.

2 Accueil cordial, entente entre les membres d'un groupe (comme lorsqu'on est content de partager un repas avec qqn).
Apprécier la ______________.

3 Entente secrète, complicité entre des personnes.
Être de ______________.

4 Séparation par niveaux, par groupes.
Le ______________ entre les couches sociales.

5 Entente.
Vivre en bonne ______________ avec ses voisins.
Au pluriel : complicités secrètes entre personnes qui sont dans des camps opposés.
Être soupçonné d'______________ avec l'ennemi.

6 Choix d'un nouveau membre par ceux qui font déjà partie d'un groupe.
Être recruté par ______________.

7 Accord officiel entre parties (connotation juridique et politique, sens moins fort que pacte ou traité).
Une ______________ entre le patronat et les syndicats.

8 Action de se séparer d'une autorité religieuse ou politique par suite de désaccord.
L'armée est entrée en ______________.

9 s.p. Se dit de l'instinct ou de la tendance des individus à vivre en groupe, à suivre les comportements du groupe auxquels ils appartiennent.
Un esprit ______________.

10 Fortement opposés, se dit de forces, de principes.
Des positions ______________.

11 Refuser de reconnaître, contester catégoriquement un droit, un pouvoir.
______________ un droit à quelqu'un.

12 Affronter une personne, une institution par défi.
______________ son père.
______________ la censure.

13 Accepter, consentir par un signe ou en paroles
______________ d'un signe de tête.

14 Faire des concessions, notamment pour obtenir un accord.
______________ sur le prix à payer.

15 Avoir des relations d'amitié avec quelqu'un, le fréquenter (connotation un peu péjorative).
______________ avec une personne.

16 Être choqué par un manquement aux règles, notamment aux règles de politesse.
Il ne faut pas ______________ pour si peu.

17 Trouver à son gré, consentir, accepter (formule officielle)
______________ une demande.
Plaire (langage soutenu).
Un projet qui ______________ à quelqu'un.

18 Qui va bien, qui convient, notamment pour les vêtements.
Une robe qui ______________.

19 s.p. Se regrouper, rejoindre un parti.
s.f. Adhérer à une opinion après avoir été en désaccord avec celle-ci
Se ______________ à un avis.

20 S'unir pour atteindre un but, ou agir contre une puissance, un pouvoir
Les petits États se sont ______________ contre leur agresseur.

« Il m'est difficile de vous braver... Je me rallie donc à votre proposition ! »

9. Pouvoir, volonté, soumission

Si vous le voulez, vous le pouvez ; ici, vous devez employer le mot qui convient ! (Corrigé p. 84)

asservir	**discréditer**	**formel**	**une prérogative**
bannir	**disculper**	**garant**	**relaxer**
se désister	**évincer**	**habiliter**	**résilier**
destituer	**une exaction**	**impérieux**	**révoquer**
jeter son dévolu	**extorquer**	**obtempérer**	**sommer**

1 Honneurs ou pouvoirs attachés à une fonction (employé généralement au pluriel).
Les ____________ du ministre des Affaires étrangères.

2 Action d'exiger de l'argent indûment.
Acte de violence ou vol exercé sur une population.
Les ____________ des soldats ont épuisé le pavs

3 Fixer son choix sur une personne ou une chose avec la volonté de l'obtenir
____________ sur un jeune homme avec l'intention de l'épouser.

4 Se dit d'une personne ou d'une façon de parler autoritaire, qui n'admet pas de résistance (comme un souverain absolu).
Parler d'un ton ____________.
Qui s'impose absolument.
Une nécessité ____________.

5 Qui est sans ambiguïté, incontestable.
Une preuve ____________.
Qui est indiscutable.
Un ordre ____________.

6 Qui répond des actes d'une personne, de la valeur d'une chose, qui en prend la responsabilité.
Se porter ____________ de l'honnêteté de quelqu'un.

7 Ruiner la réputation d'une personne, la valeur d'une idée ou d'une chose.
____________ un adversaire.
____________ une théorie.

8 Priver de liberté, réduire en esclavage.
____________ un peuple.

9 Demander de façon impérative (parfois avec une connotation juridique).
____________ quelqu'un de répondre.
____________ la foule de se disperser.

10 Relever de ses fonctions à titre de sanction, notamment dans l'administration.
__________ un fonctionnaire.
Annuler un contrat.
L'Édit de Nantes a été __________.

11 Condamner une personne à quitter un pays, chasser d'un endroit (connotation politique).
__________ un opposant politique.
Chasser de son esprit, interdire.
__________ l'usage du tabac.

12 Priver quelqu'un de ses fonctions (connotation juridique ou politique).
Le souverain a été __________.

13 Retirer sa candidature, renoncer à une fonction.
Se __________ en faveur d'un autre candidat.

14 Obéir, se soumettre à un ordre sans résister (terme administratif).
L'agent de police m'a demandé d'__________ immédiatement.

15 Chercher à obtenir quelque chose d'une personne par la menace ou la ruse.
__________ une signature.

16 Donner à une personne, le pouvoir légal d'accomplir un acte, d'exercer une fonction.
__________ un ministre à signer un accord.

17 Écarter d'un poste ou d'une responsabilité (sous-entend une intrigue ou une injustice).
__________ un candidat à un poste.

18 Remettre en liberté après une arrestation.
__________ un prisonnier.

19 Rompre un contrat, y mettre fin légalement.
__________ un contrat d'assurance.

20 Prouver l'innocence de quelqu'un.
__________ une personne accusée à tort.

10. Agir et ne pas agir

Avant d'agir, mieux vaut comprendre ; avant d'écrire un mot, choisissez-le bien. (Corrigé p. 84).

ajourner
un art
un atermoiement
une déprédation
un détracteur
dilatoire
une gageure *(prononcer u)*
grever
une incurie
instaurer
louvoyer
obvier
pallier
perpétrer
probatoire
un protagoniste
une réfection
une rémission
tergiverser
la vertu

1 Action de repousser ce qu'on doit faire ou décider, pour gagner du temps
Ses ______________ sont exaspérants.

2 Fait d'accorder un nouveau délai, d'être indulgent.
(s'emploie souvent négativement).
Exiger quelque chose sans ______________.
Diminution temporaire d'une douleur ou d'une maladie.
Une ______________ dans une maladie.

3 Manque de soin, de conscience dans l'exécution d'un travail, dans l'exer cice d'une fonction.
L'______________ des responsables.

4 Le pouvoir, l'efficacité d'une chose (langue soutenue).
La ______________ des plantes.

5 Un savoir-faire, ensemble de compétences dans un domaine particulier
L'______________ culinaire.

6 Vol, pillage, destruction.
Dommage matériel causé à des biens.
Les ______________ commises par les manifestants.

7 Par référence au théâtre, personne qui joue le rôle principal dans une affaire.
On a arrêté le ______________ du complot.

8 Action ou pari qui paraît impossible à tenir.
Vouloir escalader les Grandes Jorasses en plein hiver est une ______________.

9 Personne qui cherche à déprécier quelque chose ou quelqu'un, de façon à rabaisser complètement sa valeur ou son mérite.
Les ______________ d'une politique.

10 Instituer, établir (connotation juridique ou politique).
Le gouvernement japonais veut ______________ un jour sans télévision par semaine

11 Accabler de charges financières trop lourdes.
Des taxes qui ____________ les frais d'exploitation.

12 Qualifie une période ou une épreuve qui doit permettre de s'assurer du niveau atteint par une personne.
Un examen ____________.

13 Qui est destiné à retarder une décision, une réponse.
Des manœuvres ____________.

14 Remédier provisoirement à une difficulté en allant au plus pressé sans apporter de véritable solution.
____________ provisoirement le manque d'approvisionnement.

15 s.p. Mode de progression d'un bateau à voile.
s.f. Ne pas aller directement au but, biaiser par ruse.
Sa réponse était une façon de ____________ pour éviter la discussion.

16 Éviter de répondre, de prendre position.
Le gouvernement a ____________ trop longtemps dans cette affaire.

17 Commettre un acte criminel.
____________ un assassinat.

18 Renvoyer à un autre jour, à une date ultérieure indéterminée.
____________ le vote d'une loi.

19 Parer à un danger, à un inconvénient, faire ce qu'il faut pour l'éviter.
____________ à un vice de fabrication.

20 Action de réparer, de remettre à neuf.
Des travaux de ____________.

Loup de mer louvoyant entre deux eaux et allant d'atermoiement en atermoiement.

11. Les actes de parole

Que vous soyez acerbe, caustique ou sentencieux, vous ne serez guère crédible que si vous employez le mot exact... (Corrigé p. 84).

acerbe	dénigrer	une invective	rétorquer
l'acrimonie	disserter	notifier	un sarcasme
une apologie	la faconde	une polémique	sentencieux
caustique	une imprécation	proférer	vilipender
une controverse	une injonction	promulguer	vociférer

1 Injures, attaques verbales violentes.
Lancer des ____________ à quelqu'un.

2 Raillerie d'une ironie mordante.
Accabler quelqu'un de ____________.

3 Humeur agressive qui s'exprime par des paroles aigres.
Une intervention pleine d'____________.

4 Formule par laquelle on souhaite du malheur à quelqu'un sous l'effet de la colère (langue littéraire).
Parfois, les héros tragiques lancent des ____________.

5 Débat violent dans lequel les oppositions s'expriment avec agressivité.
Les décisions gouvernementales ont entraîné une ____________.

6 Discussion causée par des interprétations différentes sur un sujet.
Une ____________.

7 Éloge ou défense d'une personne ou d'une idée par un discours écrit ou oral.
Faire l'____________ du règne d'un souverain.

8 Grande facilité de parole qui manque un peu de raffinement.
La ____________ de Cyrano de Bergerac.

9 Ordre d'obéir immédiatement (sous-entend une menace de sanction en cas de désobéissance).
Obéir à une ____________.

10 Qualifie une façon de s'exprimer avec gravité, solennité, comme quelqu'un qui est persuadé de détenir la vérité.
Un ton ____________.

11 Qualifie des propos qui cherchent à blesser, à piquer.
Des critiques ____________.

12 Par allusion à des produits qui attaquent les tissus organiques, qualifie le fait de se plaire à être mordant, cinglant dans ses plaisanteries ou dans ses critiques.
Un esprit ______________.

13 Articuler des paroles avec force.
______________ des injures.

14 S'exprimer en hurlant sous l'effet de la colère.
______________ des menaces de mort.

15 Dire du mal avec l'intention de déprécier systématiquement.
______________ un acteur, un film.

16 Répliquer en retournant contre l'interlocuteur les arguments utilisés.
______________ avec vivacité.

17 Traiter un sujet dans un développement bien conduit, oralement ou plus généralement par écrit.
______________ sur un sujet philosophique.

18 Publier officiellement un texte qui aura ainsi force de loi.
______________ un décret.

19 Attaquer dans des termes de mépris, présenter comme méprisable (langue soutenue).
______________ un adversaire.

20 Faire connaître d'une manière officielle (terme administratif).
______________ un ordre d'expulsion.

12. La vie, la destinée

Comme la vie est courte, on ne vous propose ici que treize mots... à choisir avec soin. (Corrigé p. 84).

dégénérer	**un moribond**	**prédestiner**	**sénile**
le génie	**nécrologique**	**une progéniture**	**le trépas**
le genre	**une parturition**	**puéril**	**régénérer**
inné			

1 Synonyme de mort (langue littéraire).
Passer de vie à ____________.

2 Ensemble des enfants engendrés par rapport aux parents (souvent connotation plaisante).
Ils défilent avec toute leur ____________.

3 Personne à l'agonie, près de mourir.
Donner à boire à un ____________.

4 s.p. Synonyme d'accouchement.
s.f. Naissance d'une œuvre, sa création (langue soutenue).
Une ____________ difficile.

5 Causé par la vieillesse.
Un comportement ____________.

6 Qualifie un comportement enfantin (souvent connotation péjorative).
Des distractions ____________.

7 Tous les hommes envisagés collectivement.
Le ____________ humain.

8 Ensemble des caractères distinctifs qui font l'originalité d'une nation, d'une ethnie ou d'un peuple.
Le ____________ d'une race.
Facultés de création, d'invention exceptionnelles, supérieures à la commune mesure.
Personne possédant ces facultés.
Avoir du ____________, un ____________.

9 Que l'on possède à la naissance par opposition à ce qui est acquis.
Des qualités ____________.

10 Qualifie une notice présentant la biographie d'une personne décédée récemment.
Une notice ____________.

11 Destiné à l'avance, voué avant même sa naissance à un destin particulier.
Le héros romantique se sent _____________ à la souffrance.

12 s.p. Perdre des qualités tenues pour héréditaires.
s.f. Tomber dans un état de déchéance, de déclin, empirer.
Une réunion qui _____________ en dispute.

13 Retrouver la force, les qualités perdues.
Renouveler moralement un être ou un groupe.
Il faut _____________ la société corrompue par les richesses

Ce vieillard sénile était heureux de participer à des jeux puérils avec la progéniture de sa progéniture.

13. La vie physique

Il ne faut pas rester amorphe ou apathique : choisissez les mots justes. (Corrigé p. 85).

aguerrir	**la célérité**	**hystérique**	**sensuel**
amorphe	**une commotion**	**impotent**	**soporifique**
anesthésier	**une complexion**	**le mutisme**	**tangible**
apathique	**érotique**	**roboratif**	**thérapeutique**
une atrophie	**exsangue**	**scléroser**	**valide**

(Ces mots ont surtout été choisis pour leur emploi figuré)

1 s.p. Diminution de poids ou de volume.
s.f. Diminution de force dans le domaine intellectuel ou moral.
Une ____________ du sens moral.

2 Attitude d'une personne qui refuse de parler soit volontairement soit par suite d'un trouble pathologique.
Un enfant enfermé dans son ____________.

3 Manière d'agir avec rapidité.
Elle prépara le repas avec ____________.

4 (du grec « soigner ») Qui concerne les moyens de guérir.
Les cures thermales ont des vertus ____________.

5 Choc nerveux tel qu'il s'en produit dans les accidents ; émotion violente.
Le chauffeur de la voiture qui s'est écrasée contre un arbre souffre d'une forte ____________.

6 État physique d'une personne, sa constitution, son tempérament (langue soutenue).
Un enfant de ____________ délicate.

7 En bonne santé, capable de se déplacer, de travailler.
On a réquisitionné tous les hommes ____________.

8 Être habitué à des conditions de vie difficiles (comme celles qu'on trouve à la guerre).
Les alpinistes sont ____________ au froid.

9 Qui n'a plus de force, qui ne réagit plus, qu'il s'agisse des sentiments ou des actes ; se dit pour un individu mais aussi pour un groupe.
La vieillesse l'avait rendu ____________.

10 Qualifie la composante sexuelle de l'amour (par référence au dieu grec de l'amour).
Un film ____________.

11 Qui a perdu beaucoup de sang. Qui est vidé de sa force.
La guerre a laissé le pays ____________

12 Qui redonne du courage. Qui fortifie, qui redonne des forces.
Une conversation ____________ ; une nourriture ____________.

13 Qui provient des sens. Qui recherche les plaisirs procurés par les sens.
Un être ____________.

14 s.p. Qui provoque le sommeil.
s.f. Ennuyeux au point de donner envie de dormir.
Un discours ____________.

15 s.p. Que l'on peut toucher.
s.f. Évident, manifeste, qu'on peut toucher par la pensée.
Un résultat ____________.

16 Qui ne peut se mouvoir, se déplacer seul.
Ce terrible accident l'a rendu ____________.

17 s.p. Qui souffre d'une maladie qu'on a longtemps associée à la sexualité.
s.f. Qui manifeste une excitation proche de la fureur ou de la folie.
Des cris ____________.

18 s.p. Qui n'a pas de forme.
s.f. Qui est sans énergie, sans personnalité. Qui ne se manifeste pas.
Un élève ____________.

19 s.p. Rendre insensible notamment à la douleur.
s.f. Faire disparaître la sensibilité.
Les fêtes et les défilés militaires étaient destinés à ____________ l'opinion publique.

20 s.p. Qui est durci par l'âge ou la maladie. Qui a perdu sa souplesse.
s.f. Qui n'est plus capable d'évoluer, de s'adapter.
A la fin du Moyen Age l'enseignement était ____________.

Hystérique du volant victime d'une commotion à la suite d'un gros choc.

14. La vie intellectuelle et psychique

Des mots, toujours des mots... mais pas n'importe lesquels, surtout pour la vie intellectuelle et psychique ! (Corrigé p. 85).

cérébral
la conscience
égocentrique
à bon escient
une faculté
un fantasme (ou phantasme)
en son for intérieur
hypnotiser
l'inconscient
intellectuel
l'intelligence
l'introspection
mental
morbide
onirique
psychique
psychologique
une psychose
une spéculation
le subconscient

1 Partie de la vie psychique qui échappe ordinairement à la conscience ; par exemple, des sentiments, des souvenirs qui peuvent réapparaître dans certaines circonstances ou qui peuvent se manifester de façon détournée.
L'____________ a été mis en lumière par Freud.

2 Examen intérieur, observation de sa propre conscience, de ses propres sentiments.
L'____________ nourrit souvent l'inspiration des romanciers.

3 Connaissance immédiate de son existence et de celle du monde extérieur, de sa pensée, de sa vie affective.
Reprendre ____________ après un évanouissement.
Sens moral qui fait que l'on juge ses actes.
Je n'ai rien à me reprocher : j'ai la ____________ tranquille.

4 Sorte de scénario élaboré mentalement et permettant l'accomplissement imaginaire d'un désir ou l'évasion hors d'une réalité décevante.
Les personnes romanesques ont tendance à se réfugier dans leurs ____________.

5 Aptitude intellectuelle, capacité mentale.
Jouir de toutes ses ____________.

6 Au plus profond de soi-même.
Regretter un acte ____________ mais ne pas le dire.

7 Considération théorique, réflexion abstraite (employé parfois avec une nuance péjorative).
Être perdu dans ses ____________.

8 Sens courant : faculté de connaître, de comprendre, de réfléchir sur des données, d'établir des rapports et notamment des rapports logiques.
L'enseignement du français met l'accent sur ____________.

9 Ce qui n'est que faiblement conscient mais qui influe quand même sur le comportement.
Une angoisse qui persiste dans le ____________

10 s.p. Maladie mentale perturbant la personnalité.
s.f. Idée fixe, généralement une peur, qui perturbe le psychisme et par suite le comportement d'un individu ou d'un groupe.
La ____________ de la guerre atomique.

11 Au sens courant : qui concerne surtout les sentiments, les perceptions, le caractère.
L'analyse ____________ d'un personnage de roman.

12 Qui se rapporte aux activités du cerveau surtout en ce qui concerne la pensée abstraite, l'activité intellectuelle.
Le surmenage ____________.

13 a. Qui se fait par la pensée, sans être exprimé.
Le calcul ____________.
b. Concerne surtout le psychisme (mais peut se dire aussi pour l'activité intellectuelle).
Une maladie ____________.

14 Qui concerne la vie mentale, les états de conscience.
Des troubles ____________.

15 Qui ne s'intéresse aux autres et à ce qui arrive que dans la mesure où cela a un intérêt pour lui comme s'il était le centre du monde !
Les enfants sont naturellement ____________.

16 Façon d'agir en sachant clairement ce que l'on fait et en pensant que ce que l'on fait est bien.
Agir à ____________.

17 Qui traduit un déséquilibre psychique dans lequel on se complaît.
Des pensées ____________.

18 Qui met en œuvre l'intelligence, la réflexion.
Le travail ____________.

19 Relatif au rêve, qui semble sorti d'un rêve.
Une vision ____________.

20 s.p. Endormir artificiellement en utilisant la suggestion.
s.f. Capter totalement l'attention d'une personne au point de l'empêcher d'agir ou d'exercer son esprit critique.
Ce leader politique ____________ son public.

15. Caractères et comportements (a)

Voici des portraits de personnes qui ne sont pas agréables à fréquenter à cause de leur comportement, de leur humeur ou de leur caractère, à moins qu'elles ne fassent un peu rire. Trouvez l'adjectif qui convient pour les qualifier. (Corrigé p. 85).

affecté	**condescendant**	**mièvre**	**revêche**
belliqueux	**crédule**	**mythomane**	**rustaud**
bilieux	**fruste**	**obséquieux**	**timoré**
cabotin	**gourmé**	**prude**	**velléitaire**
casanier	**guindé**	**pudibond**	**versatile**

1 Qui ennuie par politesse et empressement excessifs : ______________

2 D'un abord rude, hargneux, grognon : ______________.

3 Souvent de mauvaise humeur, qui voit tout en noir : ______________.

4 Qui regarde les gens de haut avec un certain dédain en se considérant comme supérieur à eux · ______________.

5 Qui croit trop facilement ce qu'on lui dit : ______________.

6 Qui est grossier dans ses manières, sans politesse, sans éducation . ______________.

7 D'une pudeur excessive, presque ridicule : ______________

8 Qui manque de naturel dans ses manières, dans sa façon de parler : ______________.

9 Qui aime la guerre, les querelles : ______________.

10 Qui n'a pas assez de volonté pour passer à l'action : ______________.

11 Grave, raide dans sa façon de se comporter : ______________.

12 Gracieux mais un peu fade : ______________.

13 Qui ne cesse de mentir, d'inventer des histoires : ______________

14 Qui change brusquement d'humeur, de projet : ______________.

15 Qui se scandalise de tout ce qui est un peu osé dans les propos ou dans les gestes : ______________

16 Qui n'ose rien entreprendre, qui a peur des responsabilités, des risques : ______________.

17 Qui est lourd, qui manque d'aisance, qui est un peu rustre : ______________.

18 Qui est guindé, affecté ; qui manque de naturel : ______________.

19 Qui aime attirer l'attention, se faire valoir, comme un mauvais comédien : ______________.

20 Qui aime bien rester chez soi, et n'aime guère voyager : ______________.

Cette femme prude et guindée a épousé un homme dont l'attitude versatile la rend plutôt revêche.

15. Caractères et comportements (b)

Voici des portraits de gens dont la compagnie est en général agréable même si le comportement de certains, le ton sur lequel d'autres parlent ne sont pas toujours à prendre comme modèle ! (Corrigé p. 85).

candide	facétieux	grivois	pétulant
circonspect	fantasque	madré	placide
dilettante	farfelu	martial	pudique
éclectique	flegmatique	narquois	rassis
égrillard	goguenard	perspicace	réaliste

1 Innocent, naïf, pur : ______________.

2 Qui agit en amateur, pour le plaisir : ______________.

3 Qui aime faire des plaisanteries, des farces : ______________.

4 Un peu fou, un peu bizarre dans son comportement ou ses idées ______________.

5 Malin, rusé notamment lorsqu'il s'agit d'opérations financières (vieilli) ______________.

6 Moqueur, assez ironique (surtout pour qualifier un sourire) ______________.

7 Qui tient des propos assez osés : ______________.

8 Qui a l'air de se moquer des gens (expression du visage) : ______________

9 Qui a l'allure, le ton d'un soldat . ______________.

10 Assez exubérant, joyeux : ______________.

11 Réservé dans ses manières, dans l'expression de ses sentiments ______________.

12 Qui sait voir la réalité et agir en conséquence : ______________.

13 Qui est attentif et prudent quand il s'agit de faire un choix ou d'agir ______________.

14 Assez excité, qui se complaît dans des plaisanteries osées mais aussi un peu grossières : ______________.

15 Capricieux, changeant, mais sans perdre son charme : ______________

16 Calme voire imperturbable quand les choses ne vont pas bien ______________

17 Qui a des goûts très variés, qui s'intéresse à des sujets divers : _______________.

18 Qui a un esprit pénétrant, qui découvre ce que d'autres ne voient pas : _______________.

19 Qui est pondéré, réfléchi, à qui l'on peut demander avis et conseils (vieilli) : _______________.

20 Qui a un tempérament peu émotif, qui ne perd pas son calme devant les soucis et les difficultés : _______________.

Avec des partenaires aussi facétieux et farfelus, la partie s'annonce plutôt fantasque.

16. Le bien : quelques qualités

La première des courtoisies est de parler avec clarté... alors, à vous ! (Corrigé p. 85).

l'abnégation	courtois	la mansuétude	stoïque
être affable	être conséquent	être méticuleux	la tempérance
s'amender	la déférence	philanthrope	la tolérance
la bonhomie	l'émulation	être policé	la vertu
chaste	une éthique	la rectitude	le zèle

1 Comportement très respectueux envers une personne.
Manifester de la ____________.

2 Ce qui pousse à égaler ou à dépasser quelqu'un, notamment dans le travail.
C'est une classe où il y a beaucoup d'____________.

3 Ensemble des principes moraux selon lesquels on se conduit.
Un médecin agit selon sa propre ____________ quand il doit prendre une décision grave.

4 Qualité de celui qui est droit, rigoureux sur le plan intellectuel ou moral.
On l'a choisi pour régler ce délicat problème à cause de sa ____________ morale.

5 Modération, surtout en ce qui concerne la nourriture et la boisson.
La ____________ est recommandée surtout lorsque l'on doit conduire.

6 Qualité qui consiste à accepter des opinions, des actes qui ne sont pas conformes à ce que l'on pense soi-même.
Pratiquer la ____________.

7 (Vieilli) Courage, force d'âme.
Ce qui pousse à agir selon les règles morales.
(Spécialisé) Qualité d'une femme qui reste dans le droit chemin.
La ____________ d'une femme.

8 s.p. (Connotation religieuse) Ardeur à servir Dieu.
s.f. Ardeur, empressement à servir une personne ou une cause.
Péj. Faire du ____________.

9 Disposition à se sacrifier, à se dévouer pour les autres.
Agir avec ____________.

10 Qui a atteint un haut degré de civilisation, de raffinement (langue littéraire).
Un peuple ____________.

11 Sens étymologique : qui aime l'humanité. Qui s'emploie à aider les personnes dans le besoin, avec désintéressement.
Être ____________.

12 Qui s'abstient de tout plaisir charnel ou qui évite tout ce qui a rapport avec la sexualité.
Une jeune fille ______________.

13 Aimable, agréable, bienveillant.
Un accueil ______________.

14 Par référence à un code moral et social du Moyen Age : particulièrement aimable et poli.
Un homme ______________.

15 Devenir meilleur, s'améliorer sur le plan moral.
Un délinquant qui s'est ______________.

16 Qualifie une personne capable de souffrir sans se plaindre.
Cet enfant grièvement blessé est resté ______________ ; il a fait l'admiration de tous.

17 Inclination à pardonner, à être patient, au lieu de condamner.
Faire preuve de ______________ à l'égard d'une personne qui vous a offensé.

18 Comportement empreint de bonté, et sans manières.
Un visage agréable et qui respire la ______________.

19 Qui agit avec logique, par exemple qui met ses actes en accord avec ses principes.
Être ______________ avec soi-même.

20 Qui a le goût du travail bien fait jusque dans le moindre détail
Il est d'un ordre ______________.

Il prêche la tempérance avec zèle... mais il n'est pas très conséquent avec lui-même !

17. Le mal : quelques défauts

Voici quelques portraits de personnages peu estimables. Qualifiez-les à l'aide des mots suivants... sans pour autant les imiter ! (Corrigé p. 85).

cupide	ignoble	opportuniste	pusillanime
dépravé	irascible	partial	sectaire
fat	ladre	pédant	vénal
hâbleur	machiavélique	pleutre	veule
ignare	mercantile	prodigue	volage

1 Il manque d'audace, de courage.
Il est craintif, faible, il fuit les responsabilités.
Il est ______________.

2 Il a des opinions étroites, il est intolérant à l'égard des autres.
Il est ______________.

3 (Par référence à l'œuvre d'un célèbre écrivain italien de la Renaissance)
Il n'hésite pas à tromper, à user de ruse pour parvenir à ses fins.
Il est ______________.

4 Il n'agit pas selon des principes, il tire parti des circonstances pour servir son intérêt.
Il est ______________.

5 Il ne sait pas être juste dans ses jugements, il prend parti pour l'un ou pour l'autre.
Il est ______________.

6 Il étale son savoir, il emploie un langage savant.
Il est ______________.

7 Il dépense ou donne sans compter ce qu'il possède.
Il est ______________.

8 Il cherche constamment à obtenir le plus d'argent possible.
Il est ______________.

9 Il est corrompu moralement, il se complaît dans le mal.
Il est ______________.

10 Il est content de lui, vaniteux, prétentieux.
Il est ______________.

11 Il se vante, il exagère quand il raconte une histoire, il promet plus qu'il ne peut tenir.
Il est ______________.

12 Il se met en colère pour tout et pour rien.
Il est ______________

13 Tout dans son attitude et dans ses actions révèle le manque de noblesse.
Il est ______________.

14 Il serait capable de se vendre pour obtenir ce qu'il désire.
Il est ______________.

15 Il n'a ni énergie, ni volonté, il est lâche.
Il est ______________.

16 Il n'est pas fidèle en amour, il passe de l'une à l'autre.
Il est ______________.

17 Complètement ignorant, inculte.
Il est ______________.

18 Qui est d'une avarice sordide.
C'est un ______________.

19 Qui ne pense qu'à faire du commerce par tous les moyens.
C'est un esprit ______________.

20 Qui n'a aucun courage phvsique même face à des dangers minimes.
Quel ______________ !

18. Sentiments et jugements

Parler mal c'est s'exposer à être mal jugé. Exercez votre jugeote ! Choisissez le mot qui convient. (Corrigé p. 86).

l'affectivité	dubitatif	des griefs	la réprobation
l'affliction	des effusions	pathétique	scabreux
l'allégresse	l'euphorie	pressentiment	la suspicion
l'amertume	furibond	prosaïque	trivial
burlesque	la gratitude	la quiétude	la xénophobie

1 Sentiment de méfiance.
Avoir de la ____________ à l'égard de quelqu'un.

2 Sentiment résultant d'un jugement moral condamnant une action ou une conduite.
Exprimer sa ____________.

3 État de tranquillité de l'âme, absence de soucis.
Attendre en toute ____________.

4 Sentiment vague de ce qui va arriver, synonyme de <u>prémonition</u>.
Avoir de funestes ____________.

5 Sujets de plainte contre une personne (généralement au pluriel).
Exposer ses ____________.

6 Impression de bien-être proche du bonheur.
Être dans un état d'____________.

7 Sentiment de reconnaissance mêlé d'affection.
Témoigner sa ____________.

8 Au singulier : Action de verser du sang. Une révolution sans ____________ de sang.
Au pluriel : manifestations de tendresse, d'affection.
L'heure n'est plus aux ____________.

9 Tristesse mêlée d'un sentiment de déception ou d'injustice du sort.
Éprouver une profonde ____________.

10 Chagrin profond (langue littéraire).
Être plongé dans l'____________.

11 Joie très vive qu'on a envie d'exprimer.
Des manifestations d'____________.

12 Ensemble des sentiments (par opposition au raisonnement).
Elle agit selon son ____________, non selon sa raison.

13 Qui est tellement furieux qu'il en est un peu comique.
Un air ____________.

14 Qui exprime le doute, l'incertitude.
Un air ____________.

15 Qualifie une situation ou une œuvre qui fait rire par son extravagance.
Les films des Marx Brothers sont ____________.

16 Qui émeut profondément, qui bouleverse, suscite la pitié.
Une scène ____________.

17 Qui manque de poésie, bien plat, bien commun.
Une vie ____________.

18 Qui présente des risques.
Une entreprise ____________.
Plus courant : qui choque la décence.
Des propos ____________.

19 Vulgaire, grossier.
Des plaisanteries ____________.

20 Sentiment d'hostilité à l'égard des étrangers.
La crise économique accroît la ____________ de certains Français.

L'assemblée simulait l'affliction... jusqu'à ce que la veuve éclate ...de rire. Le burlesque de la situation rendit le curé furibond.

19. La religion

Un bon auteur est un apôtre de sa langue. Vous, ne soyez pas hérétique ! Choisissez le mot qui convient. (Corrigé p. 86).

un apôtre	**une hérésie**	**un païen**	**puritain**
un ascète	**un holocauste**	**une parabole**	**une relique**
une bible	**une liturgie**	**un profane**	**la spiritualité**
un dogme	**la métaphysique**	**prophétique**	**un tabou**
la foi	**un mystique**	**le prosélytisme**	**véniel**

1 s.p. Qualifie un péché peu grave.
s.f. Qualifie une faute peu grave (langue soutenue).
Un mensonge ____________.

2 Récit allégorique destiné à donner un enseignement sous une forme imagée.
La ____________ de l'enfant prodigue.

3 Personne qui atteint un état de communication intuitive et immédiate avec la divinité par la force de sa foi.
Les saints sont des ____________.

4 Recherche rationnelle sur des sujets qui se situent au-delà de la réalité concrète donc sur des abstractions telles que les principes de la connaissance, l'existence de Dieu.
La ____________.

5 s.p. Cérémonial des offices religieux.
s.f. Cérémonial d'une fête qui a une certaine solennité.
La ____________ de la messe.

6 s.p. Dans la religion juive ancienne, sacrifice où la victime était entièrement brûlée.
s.f. Sacrifice total - Par analogie : l'extermination des Juifs sous le régime nazi.
Un film célèbre ces dernières années avait pour titre L'____________.

7 s.p. Doctrine ou interprétation contraire aux dogmes d'une religion et condamnée comme telle.
s.f. Opinion, théorie qui heurte la raison.
La religion des Cathares était une ____________.

8 Sens général : confiance.
Surprendre la bonne ____________ de quelqu'un.
Sens spécialisé en religion : Croyance résultant d'une adhésion profonde du cœur et de l'esprit, certitude intérieure.
Avoir la ____________.

9 Vérité fondamentale et croyance obligatoire d'une religion.
Les ______________ de la religion chrétienne.

10 s.p. Ensemble des textes sacrés des religions juives et chrétiennes (étymologiquement : « les livres »).
s.f. Ouvrage faisant autorité auquel on se réfère.
L'« Encyclopédie » a longtemps été la ______________ des esprits cultivés.

11 s.p. Personne qui s'impose, par piété et pour faire pénitence, des privations, des sacrifices.
s.f. Personne qui mène une vie austère en se privant de tous les plaisirs terrestres.
Il a un visage d'______________.

12 s.p. Disciple du Christ envoyé par lui pour prêcher l'Évangile.
s.f. Personne qui propage ou défend une doctrine.
Un ______________ de la tolérance.

13 Qui ne fait pas partie des trois religions révélées.
Les religions de l'Antiquité sont considérées comme des religions ______________.
Par extension : qui n'a pas de religion.

14 Qui est étranger à la religion (par opposition à : sacré).
Une fête ______________.
Qui n'est pas initié à un art.
Être ______________ en matière de peinture contemporaine.

15 s.p. Zèle déployé par un personnage récemment converti à une religion pour faire de nouveaux adeptes.
s.f. S'emploie aussi dans le domaine de la politique ou des opinions en général.
Faire du ______________.

16 s.p. Restes d'un saint, d'un héros qui est l'objet d'un culte.
s.f. Objet auquel on attache un grand prix comme témoin du passé.
Conserver des objets comme ______________.

17 L'activité d'un esprit tourné vers ce qui est religieux, moral, élevé.
La ______________.

18 Interdiction de caractère religieux concernant en particulier la sexualité.
Il n'y a plus guère de ______________ dans les mœurs contemporaines.

19 Qui prédit l'avenir (comme certains livres de l'Ancien Testament).
Une vision ______________.

20 Qualifie un respect rigoureux des principes moraux par allusion à une secte pratiquant un christianisme très « pur ».
Une éducation ______________.

20. La vie culturelle (a)

Nommez les mouvements de pensée définis par les termes suivants :

le baroque	l'existentialisme	l'idéal courtois	la préciosité
le classicisme	l'esprit philosophique	le mouvement libertin	le romantisme
la culture			le stoïcisme
l'épicurisme	l'humanisme	le platonisme	le surréalisme

1 Doctrine d'un philosophe grec de l'Antiquité qui distingue d'une part le monde des Idées pures et éternelles connues par l'esprit et qui sont la seule réalité et d'autre part le monde terrestre, connu par les sens, qui n'est que l'ombre, le reflet du premier.
Cette conception du monde est figurée par le mythe de la caverne dans une œuvre célèbre, La République.
Elle a eu une grande influence sur la pensée chrétienne.
Elle prend un nouvel essor à la Renaissance, notamment à Florence.
Elle inspire les poètes qui voient, dans la femme aimée, la femme idéale : le ______________.
(d'où l'expression du langage courant : un amour ______________.)

2 Doctrine de Zénon, philosophe grec de l'Antiquité.
Le Romain Sénèque, puis Montaigne, à une certaine période de sa vie, ont suivi cette doctrine.
L'idée fondamentale est que le bien est dans la vertu, c'est-à-dire dans la volonté de dominer ses passions, dans l'effort pour atteindre la liberté intérieure en écartant la crainte de la douleur, du malheur et de la mort : le ______________.

3 Doctrine d'un philosophe grec de l'Antiquité qui met l'accent sur les sensations. Le souverain bien est le plaisir mais un plaisir contrôlé : Il s'agit de jouir avec modération des plaisirs offerts par la nature.
Elle est reprise par les Romains, Lucrèce et Horace (auteur de la formule « Carpe diem » : « Cueille le jour »). Elle inspire Ronsard qui invite à jouir des plaisirs délicats du temps présent.
« Cueillez, dès aujourd'hui, les roses de la vie » : l'______________.

4 Morale qui apparaît dans les cours médiévales du Sud de la France à partir du XIIe siècle, sous l'influence des femmes de la noblesse. Elle est chantée par les troubadours qui célèbrent le culte du seigneur pour sa dame, la soumission absolue à l'amour. Elle inspire les plus belles œuvres du Moyen Age notamment le cycle breton avec Tristan et Yseult et Lancelot du Lac. Elle sera reprise par la préciosité au XVIIe siècle : l'______________.

5 Mouvement culturel européen qui commence en Italie, dès le milieu du 14e siècle, avec Pétrarque. Il s'y épanouit au XVe siècle (c'est le « Quattrocento ») puis s'étend dans tous les pays européens et notamment en France. Il se caractérise par un renouveau d'intérêt pour la culture antique et biblique, pour ses valeurs intellectuelles et humaines : sentiment et confiance

dans les possibilités de l'intelligence humaine et dans la grandeur de l'homme qui, se libérant de certaines des contraintes du christianisme médiéval, recherche son épanouissement sur la terre.
Au-delà de ces limites historiques, c'est un mouvement permanent qui met l'accent sur l'homme, sur ses possibilités, sur sa valeur, sur ses droits et sa liberté : l'________________ « est élan, démarche batailleuse vers une émancipation progressive de l'homme, attention constante aux possibilités pour l'homme d'améliorer ou de modifier son destin ». (Fernand Braudel)

6 Mouvement culturel et artistique qui apparaît à la fin du 16e siècle, notamment dans l'art (architecture, peinture) et dans les littératures de tous les pays de l'Europe occidentale puis par l'Espagne, en Amérique du Sud. Il s'épanouit au 17e siècle et se prolonge au 18e siècle avec le style rococo.
En France, ce mouvement connaît sa période la plus brillante de 1580 à 1660 environ. Il inspire notamment une poésie très intéressante par ses thèmes et nourrit la préciosité. Il se mêle à l'art classique dans la décoration de Versailles.
Il met l'accent sur la liberté contre les règles, sur le mouvement, l'instabilité des formes, le provisoire, l'outrance :

« J'écoute, à demi transporté
Le bruit des ailes du silence
Qui vole dans l'obscurité ».

le ________________. (Saint-Amant)

7 Mouvement social et culturel de la première moitié du XVIIe siècle créé par les femmes nobles en réaction aux mœurs grossières de l'époque. S'inspirant de la morale courtoise des romans pastoraux du début du siècle, elles élaborent un code amoureux, imposent le raffinement des manières et du langage. Elles réunissent, dans leurs salons, théoriciens du langage et de la littérature, poètes et intellectuels qui auront une grande influence sur la formation de la langue et de la littérature classiques. En même temps, une excessive recherche dans le style rapproche ce mouvement du mouvement baroque.
Dans le langage courant, l'adjectif a pris une nuance péjorative et désigne un comportement ou un langage affecté et maniéré : la ____________.

8 Courant de pensée particulièrement actif dans la première moitié du XVIIe siècle en France, avec Gassendi et les poètes baroques.
Ses adeptes sont sceptiques en religion, épris de liberté et notamment de la liberté des mœurs ; certains vont jusqu'à l'athéisme. Ils font scandale et sont poursuivis par les autorités religieuses.
On trouve l'écho de ces affrontements dans le Dom Juan de Molière :
le ________________________.
(L'expression est restée dans le langage courant pour désigner un homme d'une grande liberté dans le domaine amoureux : un ____________.)

9 Idéal culturel et artistique qui se forme en France pendant la première moitié du XVIIe siècle.
Il se caractérise par l'imitation des Anciens, le goût de l'ordre et donc le respect des règles, l'importance accordée à la nature humaine, à l'exercice de

la raison. Il propose un idéal de mesure et de maîtrise de soi incarné par « l'honnête homme », adapté à la vie en société.
Il atteint son sommet pendant la courte période qui va de 1660 à 1680 environ où il produira avec Molière, Racine notamment, quelques-unes des plus belles œuvres de la littérature française et en art, le château de Versailles.
Plus largement, le terme désigne un idéal d'ordre et de mesure qui s'oppose au baroque et au romantisme : le ______________.

10 Cet esprit apparaît dès la fin du XVIIe siècle ; il met en cause les dogmes chrétiens et les croyances religieuses. Il anime la réflexion et les luttes des écrivains d'une grande partie du XVIIIe siècle et prépare la Révolution française.
Il se caractérise par un effort pour améliorer la condition de l'homme, qu'il s'agisse du régime politique, de la défense des droits fondamentaux ou de la mise en valeur de la terre, et par la foi dans les progrès des sciences et des techniques pour obtenir cette amélioration, qui est à l'origine de la grande entreprise de l'Encyclopédie : l'______________
Voltaire définit ainsi les hommes animés de cet esprit :
« Le vrai ___________________ défriche des champs incultes, augmente le nombre des charrues et par conséquent des habitants, occupe le pauvre et l'enrichit. Il n'attend rien des hommes et leur fait tout le bien dont il est capable. Il a l'hypocrite en horreur, mais il plaint le superstitieux ; enfin il sait être ami. »

Sa culture empreinte de classicisme et de stoïcisme l'opposait à son fils dont la préciosité l'agaçait.

11 Mouvement de retour à la sensibilité qui se manifeste dès la seconde moitié du XVIIIe siècle dans les pays de l'Europe occidentale. En France, au début du XIXe siècle, après les bouleversements de la Révolution puis vers 1820 après la chute de l'Empire, la jeunesse se reconnaîtra dans le héros de Chateaubriand, René, mélancolique et insatisfait, qui incarne le « mal du siècle ».
État d'esprit et mode, ce mouvement est très fécond dans la littérature et l'art. Contre les contraintes du classicisme, il revendique la liberté. Selon les personnalités des créateurs, l'accent est mis sur le lyrisme personnel, le sentiment de la nature, la spiritualité ou les préoccupations d'ordre social, voire révolutionnaires.
Le mouvement s'épuise vers 1850 cependant que Victor Hugo, qui en a illustré toutes les modalités, continue à produire jusque vers 1880.
Dans le langage courant, le terme désigne un état d'esprit où dominent la sensibilité et une certaine tendance à l'exaltation : le ________________.

12 Mouvement qui apparaît, vers 1920, dans le désarroi causé par la Première Guerre mondiale. Inspiré par les découvertes de Freud, héritier de Rimbaud, le groupe qui se forme autour d'André Breton explore les ressources de l'inconscient et du rêve pour la création littéraire et artistique et pour la vie elle-même. Révolutionnaires et marxistes, ils pensent qu'ils doivent s'engager dans l'action politique.
Ce mouvement a une importance capitale dans la vie littéraire et artistique du 20e siècle : peinture (S. Dali, Ernst, Magritte...) et dans l'art cinématographique avec Bunuel : le ______________________.

13 Philosophie illustrée en France notamment par Jean-Paul Sartre aussi bien par des romans et pièces de théâtre que par des traités abstraits. Elle met l'accent sur la liberté du choix individuel, l'engagement, l'action. L'existence est donnée et c'est à l'homme de déterminer ce qu'il veut être.
Après la Seconde Guerre mondiale, cette philosophie sommairement comprise a donné lieu à une mode dont les adeptes se réunissaient dans le quartier de Saint-Germain-des-Prés, à Paris, dans les cafés fréquentés par Sartre et Simone de Beauvoir, et dans les caves où on jouait du jazz :
l'______________________.

14 Complétez ce texte toujours par le même mot :
« Cette notion est bien entendu subjective ; si je me rapporte au sens premier du mot, « La ____________ » est liée, à l'origine, à la terre et à l'amélioration de son rendement.
L'appliquer à l'homme, le parallèle est aisé, c'est estimer qu'il peut améliorer son génie propre. La ____________ est donc avant tout une aventure personnelle qui tend à développer les qualités naturelles de l'individu, à le mettre en état de croissance intellectuelle, à l'image du sport qui est, pour moi, une ____________ des facultés corporelles ». (Madeleine Hours)

20. La vie culturelle (b)

Termes appartenant à la littérature ou à l'art, utilisés également dans le langage courant. Complétez les blancs. (Corrigé p. 86).

didactique	l'humour (m.)	merveilleux	romanesque
dramatique	l'ironie (f.)	un mythe	satirique
épique	un leitmotiv	une parodie	le suspense
épistolaire	lyrique	la psychanalyse	tragique
fantastique	un mécène	réaliste	une utopie

1 Destiné à être chanté.
Qui exprime des sentiments intimes de manière à communiquer une émotion
Un poème ______________.

2 Qualifie un discours ou un texte dont la principale visée est d'instruire.
Une œuvre ______________.

3 Qui a un rapport avec le théâtre.
Qualifie une action dont l'issue est incertaine, une lutte contre la mort qui émeut ceux qui en sont témoins.
Un sauvetage ______________.

4 Qualifie une œuvre qui met en scène des événements historiques en mettant en valeur leur caractère grandiose ou héroïque ; s'applique aussi à d'autres formes d'art, par exemple le cinéma.
Les films d'Eisenstein sont ______________.

5 Créé par l'imagination, qui n'existe pas dans la réalité, souvent avec la connotation de bizarre, d'inquiétant.
Un film ______________.

6 Disposition d'esprit qui consiste à faire apparaître les aspects drôles ou insolites de la réalité, par exemple en prenant au sérieux ce qui ne l'est pas et vice versa.
L'______________ permet parfois de se sortir de situations embarrassantes.

7 Manière de critiquer une chose ou de s'en moquer en disant le contraire de ce que l'on en pense, en faisant comme si l'on était d'accord avec le point de vue opposé.
Dire que la guerre est une fête est de ______________.

8 Du nom d'un personnage de l'Antiquité latine : personne riche, institution ou groupe financier qui aide et protège les artistes.
Aujourd'hui, les banques jouent parfois le rôle de ______________.

9 Qui étonne ou enchante par son caractère magique ou miraculeux, avec la connotation d'heureux ou d'admirable.
Un conte de fée est ______________

10 Récit fabuleux, projection sous une forme symbolique de sentiments collectifs, d'interprétations de la nature ou de la condition humaine.
Les ______________ grecs.

11 Imitation burlesque d'une œuvre sérieuse.
Imitation regrettable d'une action respectable.
Une ______________ de jugement.

12 Ensemble des théories de Freud et de ses disciples concernant la vie psychique, consciente et inconsciente. Outre son intérêt thérapeutique, la mise en lumière de l'inconscient a permis une nouvelle approche de la création des œuvres littéraires et artistiques.
L'interprétation de l'œuvre de Baudelaire par la ______________ est très éclairante.

13 Qualifie une œuvre dans laquelle l'artiste cherche à donner une vision exacte de la réalité telle qu'elle est.
D'où : tendance à insister sur les aspects grossiers, répugnants de la réalité.
Une peinture ______________ des bas-fonds de Paris.

14 Plan d'un gouvernement imaginaire et idéal, d'après le titre d'une œuvre de Thomas More (1516).
Conception ou projet qui paraît irréalisable, mais qui peut pourtant être fructueux ; parfois employé avec une nuance péjorative.
De tels projets relèvent de l'______________.

15 Moment d'attente qui suspend le déroulement d'une action ou précède son dénouement.
Hitchcock est un maître du ______________.

16 Qui se trouve dans les romans.
Avec une nuance parfois péjorative, qualifie un esprit qui a tendance à s'évader de la réalité, à se complaire dans un monde plus agréable que la réalité, comme on en trouve dans les romans.
Madame Bovary était trop ______________.

17 Qualifie la situation d'un être qui paraît victime de la fatalité, qui s'efforce en vain d'échapper à son destin.
Œdipe a connu un sort ______________.

18 Qui concerne la correspondance.
Nous avons de beaux exemples du style ______________ de Voltaire.

19 Qualifie un écrit ou un discours qui critique une personne, une œuvre ou une institution en s'en moquant avec verve et virulence.
Les Caractères de La Bruyère sont souvent ______________.

20 s.p. Motif musical revenant plusieurs fois pour créer un effet dramatique ou comique. S'emploie aussi au sens figuré.
Le ______________ d'Harpagon est « Qu'allait-il faire dans cette galère ? »

20. La vie culturelle (c)

Quelques termes spécialisés en linguistique ou en stylistique utiles à connaître. Choisissez avec soin. (Corrigé p. 86).

une acception — une connotation — une ellipse — un euphémisme — une litote — un média — une métaphore — un néologisme — péjoratif — un symbole

1 Omission d'un mot qui se trouve ainsi sous-entendu ; raccourci ou sous-entendu dans un récit ou dans un film.
Le récit cinématographique procède par ____________.

2 Expression modérée d'une situation extrême. Dire « je ne l'aime pas beaucoup » pour « je le déteste » est une ____________.

3 Nom synonyme de « sens d'un mot ».
Un mot qui a plusieurs ____________.

4 Mot d'origine latine désignant les supports de la communication (presse, télévision, radio) ; s'emploie au singulier ou au pluriel.
Les ____________ se sont emparés de ce fait-divers et l'ont considérablement grossi.

5 Ensemble des valeurs affectives attachées à un mot en plus de son sens propre.
Dans l'expression « mon petit chat » adressée à un enfant, « chat » a une ____________ de tendresse.

6 Comparaison condensée, figure de style fréquente en poésie.
La lumière a giclé sur l'acier (comme un liquide). « Giclé » est une ____________.

7 Qualifie une expression employée pour dévaloriser, déprécier ce dont on parle.
Le terme « petit bourgeois » est ____________.

8 D'un mot grec désignant un signe de reconnaissance formé de deux moitiés que l'on rapproche ; tout signe concret évoquant par un rapport qui paraît naturel, quelque chose d'invisible ; objet ou image de la réalité ayant des correspondances avec la vie intérieure.
La colombe est le ____________ de la paix.

9 Mot nouveau ou sens nouveau d'un mot déjà existant.
Les progrès scientifiques entraînent la formation de nombreux ____________.

10 Expression atténuée pour parler d'une réalité déplaisante. Dire que cet homme n'est pas très généreux, alors qu'il est effroyablement égoïste, est un ____________.

Numéro de l'exercice / de la phrase	1	2	3
1	abstraite	pérennité	claustration
2	disjonction	réminiscence	émergence
3	critère	anachronisme	exotisme
4	extrapolation	hiatus	intrus
5	corrélation	prologue	périple
6	conjonction	prospective	dédale
7	concept	ultérieur	champ
8	dilemme	désuet	exode
9	paramètre	invétéré	exutoire
10	phénomène	concomitant	reclus
11	induction	vétuste	rustique
12	incidence	révolu	infuse
13	postulat	fugace	cosmopolite
14	empirique	prémonitoire	sédentaire
15	antinomique	caduc	extirper
16	intrinsèque	sporadique	ancrer
17	corroborer	récurrent	inculquer
18	impliquer	séculaire	sonder
19	inférer	rétrospective	s'ingérer
20	infirmer	contemporain	s'immiscer

Numéro de l'exercice / de la phrase	4	5	6
1	recrudescence	reliquat	chaos
2	hécatombe	adjuvant	distorsion
3	myriade	pénurie	aberration
4	subalterne	faste	norme
5	anodin	carence	fortuit
6	crucial	satiété	apocalyptique
7	virulent	parcimonie	aléatoire
8	sommaire	détriment	potentiel
9	cyclopéen	nanti	insidieux
10	bénin	exhaustif	orthodoxe
11	titanesque	indigent	fallacieux
12	éminent	radical	factice
13	subsidiaire	péricliter	éventuel
14	prépondérant	impartir	dénaturer
15	omnipotent	annihiler	leurrer
16	omniscient	défalquer	falsifier
17	supplanter	dilapider	frelater
18	s'amenuiser	résorber	problématique
19	recenser	émoussé	altérer
20	décimer	défrayer	accréditer

2e SÉRIE : VINGT CHAMPS LEXICAUX

Numéro de l'exercice / de la phrase	7	8	9
1	nébuleux	dissonance	prérogative
2	énigmatique	convivialité	des exactions
3	cabalistique	connivence	jeter son dévolu
4	ésotérique	clivage	impérieux
5	implicite	intelligence	formel
6	flagrante	cooptation	garant
7	équivoque	convention	discréditer
8	patent	dissidence	asservir
9	manifeste	grégaire	sommer
10	notoire	antagonistes	révoquer
11	latent	dénier	bannir
12	sciemment	braver	destituer
13	subreptice	acquiescer	se désister
14	à l'insu de	transiger	obtempérer
15	obnubiler	frayer	extorquer
16	élucider	se formaliser	habiliter
17	divulguer	agréer	évincer
18	subodorer	(il) sied	relaxer
19	s'enquérir	se rallier	résilier
20	oblitérer	se coaliser	disculper

Numéro de l'exercice / de la phrase	10	11	12
1	atermoiement	invective	trépas
2	rémission	sarcasme	progéniture
3	incurie	acrimonie	moribond
4	vertu	imprécation	parturition
5	art	polémique	sénile
6	déprédation	controverse	puéril
7	protagoniste	apologie	genre humain
8	gageure	faconde	génie
9	détracteur	injonction	inné
10	instaurer	sentencieux	nécrologique
11	grever	acerbe	prédestiner
12	probatoire	caustique	dégénérer
13	dilatoire	proférer	régénérer
14	pallier	vociférer	
15	louvoyer	dénigrer	
16	tergiverser	rétorquer	
17	perpétrer	disserter	
18	ajourner	promulguer	
19	obvier	vilipender	
20	réfection	notifier	

Numéro de l'exercice / de la phrase	13	14	15 (a)
1	atrophie	inconscient	obséquieux
2	mutisme	introspection	revêche
3	célérité	conscience	bilieux
4	thérapeutique	fantasme	condescendant
5	commotion	faculté	crédule
6	complexion	for intérieur	fruste
7	valide	spéculation	pudibond
8	aguerri	intelligence	affecté
9	apathique	subconscient	belliqueux
10	érotique	psychose	velléitaire
11	exsangue	psychologique	guindé
12	roborative	cérébral	mièvre
13	sensuel	mental	mythomane
14	soporifique	psychique	versatile
15	tangible	égocentrique	prude
16	impotent	à bon escient	timoré
17	hystérique	morbide	rustaud
18	amorphe	intellectuel	gourmé
19	anesthésier	onirique	cabotin
20	scléroser	hypnotiser	casanier

Numéro de l'exercice / de la phrase	15 (b)	16	17
1	candide	déférence	pusillanime
2	dilettante	émulation	sectaire
3	facétieux	éthique	machiavélique
4	farfelu	rectitude	opportuniste
5	madré	tempérance	partial
6	narquois	tolérance	pédant
7	grivois	vertu	prodigue
8	goguenard	zèle	cupide
9	martial	abnégation	dépravé
10	pétulant	policé	fat
11	pudique	philanthrope	hâbleur
12	réaliste	chaste	irascible
13	circonspect	affable	ignoble
14	égrillard	courtois	vénal
15	fantasque	s'amender	veule
16	placide	stoïque	volage
17	éclectique		
18	perspicace		
19	rassis		
20	flegmatique		

2e SÉRIE : VINGT CHAMPS LEXICAUX

Numéro de l'exercice / de la phrase	18	19	20 (a)
1	suspicion	véniel	platonisme
2	réprobation	parabole	stoïcisme
3	quiétude	mystique	épicurisme
4	pressentiment	métaphysique	idéal courtois
5	griefs	liturgie	humanisme
6	euphorie	holocauste	baroque
7	gratitude	hérésie	préciosité
8	effusion	foi	mouvement libertin
9	amertume	dogme	classicisme
10	affliction	bible	esprit philosophique
11	allégresse	ascète	romantisme
12	son affectivité	apôtre	surréalisme
13	furibond	païen	existentialisme
14	dubitatif	profane	culture
15	burlesque	prosélytisme	
16	pathétique	relique	
17	prosaïque	spiritualité	
18	scabreux	tabou	
19	trivial	prophétique	
20	xénophobie	puritain	

Numéro de l'exercice / de la phrase	20 (b)	20 (c)	
1	lyrique	ellipse	
2	didactique	litote	
3	dramatique	acception	
4	épique	média	
5	fantastique	connotation	
6	humour	métaphore	
7	ironie	péjoratif	
8	mécène	symbole	
9	merveilleux	néologisme	
10	mythe	euphémisme	
11	parodie		
12	psychanalyse		
13	réaliste		
14	utopie		
15	suspense		
16	romanesque		
17	tragique		
18	épistolaire		
19	satirique		
20	leitmotiv		

3e SÉRIE : MOTS MÊLÉS

Voici deux textes, extraits de Double assassinat dans la rue Morgue, *d'Edgar A. Poe, et* La méthode expérimentale, *de Claude Bernard. En vous aidant des définitions données en tête de chacun d'eux, complétez les blancs.* *(Corrigé p. 101)*

1. Textes à compléter

Double assassinat dans la rue Morgue

1. Une analyse : opération intellectuelle consistant à distinguer les différents éléments d'une situation, d'un caractère ou d'une œuvre.

2. Une faculté : aptitude, capacité intellectuelle.

3. L'inadvertance (f) : synonyme d'inattention.

4. La perspicacité : aptitude intellectuelle à percer ce qui est obscur ou caché.

5. Spirituelle : qualifie ici une activité de l'esprit.

6. Trivial : commun, vulgaire.

« Les ______________ de l'esprit qu'on définit par le terme "analytiques" sont en elles-mêmes fort peu susceptibles d'______________. Nous ne les apprécions que par leurs résultats. Ce que nous en savons, entre autres choses, c'est qu'elles sont pour celui qui les possède à un degré extraordinaire une source de jouissance des plus vives. De même que l'homme fort se réjouit dans son aptitude physique, se complaît dans les exercices qui provoquent les muscles à l'action, de même l'analyste prend sa gloire dans cette activité ______________ dont la fonction est de débrouiller. Il tire du plaisir même des plus ______________ occasions qui mettent ses talents en jeu. Il raffole des énigmes, des rébus, des hiéroglyphes ; il déploie dans chacune des solutions une puissance de ______________ qui, dans l'opinion vulgaire, prend un caractère surnaturel. Les résultats, habilement déduits par l'âme et l'essence de sa méthode, ont réellement tout l'air d'une intuition.

Je prends donc cette occasion de proclamer que la haute puissance de la réflexion est bien plus activement et plus profitablement exploitée par le modeste jeu de dames que par toute la laborieuse futilité des échecs. Dans ce dernier jeu où les pièces sont douées de mouvements divers et bizarres, et représentent des valeurs diverses et variées, la complexité est prise, — erreur fort commune, — pour de la profondeur. L'attention y est puissamment mise en jeu. Si elle se relâche d'un instant, on commet une erreur, d'où il résulte une perte ou une défaite. Comme les mouvements possibles sont, non seulement variés, mais inégaux en puissance, les chances de pareilles erreurs sont très multipliées ; et dans neuf cas sur dix, c'est le joueur le plus attentif qui gagne et non pas le plus habile. Dans les dames, au contraire, où le mouvement est simple dans son espèce et ne subit que peu de variations, les probabilités d'_____________ sont beaucoup moindres, et l'attention n'étant pas absolument et entièrement accaparée, tous les avantages remportés par chacun des joueurs ne peuvent être remportés que par une perspicacité supérieure. »

Edgar Poe.

La méthode expérimentale

Même exercice que précédemment.

1. Une déduction : opération qui consiste à passer logiquement d'une étape d'un raisonnement à l'étape suivante, à tirer les conséquences d'une observation.

2. Une doctrine : ensemble des croyances ou des opinions qu'on affirme comme vraies et sur lesquelles on s'appuie pour interpréter des faits ou pour agir.

3. Une hypothèse : proposition admise provisoirement pour servir de base à un raisonnement, à une explication et qu'il convient de vérifier par l'expérience.

4. (Un raisonnement) logique : qui procède abstraitement selon les règles de la logique formelle (ex : rapports cause-conséquence), donc rigoureux, cohérent.

5. Un principe de vie : a. la cause première : *le principe.* **b.** proposition première sur laquelle va s'appuyer un raisonnement, une action : *le principe d'Archimède.*

6. Un système : a. Ensemble d'idées qui constitue aussi une explication du monde, mais organisé de façon que l'étude en soit facile et qui propose une interprétation plus vaste ou plus complète qu'une théorie. Ex : *le système astronomique de Copernic.* **b.** ensemble de méthodes, de procédés organisés en vue de produire un résultat : *le système scolaire.*

7. Une théorie : Ensemble de concepts ou d'opinions qui constitue une explication dans un domaine de la connaissance : *la théorie de l'atome.*

« Nous avons dit que la médecine expérimentale n'est pas un système nouveau de médecine, mais, au contraire, la négation de tous les systèmes. En effet, l'avènement de la médecine expérimentale aura pour résultat de faire disparaître de la science toutes les vues individuelles, pour les remplacer par des théories impersonnelles et générales qui ne seront, comme dans les autres sciences, qu'une coordination régulière et raisonnée des faits fournis par l'expérience.

Or, il faut se le rappeler, le _____________ scientifique immuable, aussi bien dans la médecine que dans les autres sciences expérimentales, c'est le déterminisme absolu des phénomènes.

En méthode expérimentale, l'____________ est une idée scientifique qu'il s'agit de livrer à l'expérience. L'invention scientifique réside dans la création d'une hypothèse heureuse et féconde ; elle est donnée par le sentiment ou par le génie même du savant qui l'a créée.

Quand l'hypothèse est soumise à la méthode expérimentale, elle devient une théorie ; tandis que si elle est soumise à la logique seule, elle devient un système. Le ____________ est donc une hypothèse à laquelle on a ramené logiquement les faits à l'aide du raisonnement, mais sans une vérification critique expérimentale. La ____________ est l'hypothèse vérifiée, après qu'elle a été soumise au contrôle du raisonnement et de la critique expérimentale.

Si l'on considérait une théorie comme parfaite et si l'on cessait de la vérifier par l'expérience scientifique journalière, elle deviendrait une doctrine. Une ____________ est donc une théorie que l'on regarde comme immuable, et que l'on prend pour point de départ de déductions ultérieures, que l'on se croit dispensé de soumettre désormais à la vérification expérimentale.

En un mot, les systèmes et les doctrines en médecine sont des idées hypothétiques ou théoriques transformées en principes immuables. Cette manière de procéder appartient essentiellement à la scolastique et elle diffère radicalement de la méthode expérimentale. Il y a en effet contradiction entre ces deux procédés de l'esprit. Le système et la doctrine procèdent par affirmation et par ____________ purement ____________ : la méthode expérimentale procède toujours par le doute et par la vérification expérimentale.

Il faut donc prendre garde, dans l'éducation, que les connaissances qui doivent armer l'intelligence ne l'accablent par leur poids, et que les règles qui sont destinées à soutenir les côtés faibles de l'esprit n'en atrophient ou n'en étouffent les côtés puissants et féconds. Je n'ai pas à entrer ici dans d'autres développements ; j'ai dû me borner à prémunir les sciences biologiques et la médecine expérimentale contre les exagérations de l'érudition et contre l'envahissement et la domination des systèmes, parce que ces sciences, en s'y soumettant, verraient disparaître leur fécondité et perdraient l'indépendance et la liberté d'esprit, qui seront toujours les conditions essentielles de tous les progrès de l'humanité. »

Claude Bernard.

2. Les noms synonymes

Placez les noms suivants en face des mots ou expressions synonymes. N.B. En général, ces termes appartiennent à un langage plus soutenu que leurs synonymes.

une accalmie	l'éloquence	~~un(e) novice~~	une propension
un adepte	la licence	l'outrecuidance	le protocole
une allergie	un mégalomane	la parité	une régression
une analogie	~~un misanthrope~~	un parricide	une répression
la décrépitude	un monopole	les prémices (f.)	la suprématie

1 Recul, retour en arrière dans le domaine économique ou en psychologie. ____________

2 Effronterie, impertinence, audace. ____________

3 Liberté excessive des mœurs. ____________

4 Personne qui n'aime pas l'humanité. un misanthrope

5 Position dominante, notamment en politique. ____________

6 Punition, châtiment à la suite d'une révolte. ____________

7 Débutant qui manque d'expérience. un(e) novice

8 Grand affaiblissement dû à l'âge, déchéance. ____________

9 Égalité, similitude (notamment dans ce qui se compte). ____________

10 Calme momentané, répit. ____________

11 Ressemblance, similitude, notamment au niveau des idées. ____________

12 Art de bien parler, de convaincre ou de toucher par ses discours. ____________

13 Personne qui a tué son père. ____________

14 **a.** Manifestation de rejet de l'organisme. **b.** Incompatibilité - rejet. ____________

15 Adhérent, partisan convaincu d'une opinion ou d'une doctrine. ____________

16 Tendance, penchant qui incline à éprouver un sentiment ou à agir d'une certaine façon ____________

17 **a.** (Dans l'Antiquité, premières récoltes offertes aux Dieux).
b. Signes avant-coureurs — commencement d'un événement important. __________

18 Règles à observer dans les relations officielles. __________

19 Régime qui permet d'être maître d'un marché. __________

20 Homme orgueilleux, ambitieux, qui a toujours des projets grandioses. __________

Corrigé page 103. Faites votre score ☐

Parricide contraint à la misanthropie.

3. Les noms mêlés

Complétez chaque phrase avec le nom qui convient.

une allégation	l'égide (f.)	une idée	une procédure
une allergie	une entité	les mœurs (f.)	un processus
une antithèse	un ferment	une opinion	la sagacité
une clause	un fondement	un préjugé	un stéréotype
la dualité	un foyer	la préméditation	une thèse

1 Projet délibéré d'accomplir un acte, généralement répréhensible.
Agir avec ____________

2 Ensemble de phénomènes successifs aboutissant à un résultat.
Un ____________ d'acquisition de la lecture.

3 Grande clairvoyance, perspicacité.
Sa ____________ lui a permis de percer l'énigme.

4 Concept que l'on considère dans sa totalité et dont on parle comme d'un être réel.
L'État est une ____________.

5 Par allusion au bouclier d'Athéna, protection, patronage.
Une exposition organisée sous l'____________ du ministère de la Culture.

6 a. Sens juridique : ensemble des formalités à accomplir pour parvenir à une solution judiciaire.
b. Néologisme : ensemble des actions à accomplir pour parvenir au résultat souhaité.
Une ____________ d'envol, en aviation.

7 Opinion toute faite, figée, qui évite de réfléchir
Juger sur des ____________.

8 Ensemble d'idées ou de propositions que l'on peut soutenir par des arguments.
Une ____________.

9 Jugement personnel sur un sujet.
Avoir une ____________ sur le danger nucléaire.

10 Synonyme de concept, ce qui est élaboré par la pensée.
Avoir des ____________ claires.

11 Base sur laquelle on peut construire un raisonnement ou établir une institution.
Les ____________ de la démocratie.

12 Ce qui fait naître ou entretient un sentiment ou une idée.
Un ______________ de haine.

13 **a.** Opposition de deux mots ou de deux idées ayant des sens nettement contraires.
b. Présentation d'un point de vue opposé à celui présenté dans une thèse pour faire avancer une discussion ou une réflexion.
Thèse et ______________ doivent permettre une synthèse.

14 Disposition particulière d'un contrat.
Une ______________ d'un traité.

15 Habitudes de vie, coutumes d'un peuple, d'un groupe social ; sens spécialisé : conduite morale.
Un roman qui est une étude de ______________.

16 Sens figuré : point d'où rayonne une activité.
Un ______________ d'agitation.

17 Caractère de ce qui est double, de ce qui présente deux éléments de nature différente.
La ______________ du pouvoir (exécutif et législatif).

18 Opinion préconçue émanant souvent du milieu social ou de l'éducation.
Avoir des ______________ sur les immigrés.

19 Citation que l'on fait à partir d'un texte, ou, plus simplement, affirmation.
Il faudra étayer vos ______________.

20 Réaction de rejet de l'organisme à un facteur quelconque.
Il fait une véritable ______________ aux fruits de mer.

Corrigé page 103. Faites votre score ☐

Sa sagacité lui permit de trouver un processus simple pour rédiger une thèse sur les mœurs des lapins.

4. Les verbes mêlés

Voici 20 verbes, mettez-les à la place des périphrases. Aidez-vous d'un dictionnaire (si nécessaire).

abuser	**déplorer**	**lésiner**	**(se) prémunir**
affecter	**s'ériger**	**méditer**	**révérer**
assener	**imputer**	**moduler**	**sidérer**
commémorer	**incomber**	**pâtir**	**subjuguer**
défrayer	**léser**	**persifler**	**vitupérer**

1 Tout le monde regrette vivement son départ.
Tout le monde ______________ son départ.

2 Il est vraiment avare, il cherche à faire le minimum de dépenses, essayant toujours de faire de petites économies.
Il ______________ sur tout.

3 Il va falloir faire varier les dépenses selon les rentrées d'argent.
Il va falloir ______________ les dépenses.

4 J'ai toujours eu un respect et une admiration presque religieuse pour mon grand-père.
Je le ______________. (synonyme de vénérer).

5 La nouvelle m'a frappé de stupeur.
J'ai été ______________.

6 Méfiez-vous de ce vendeur à domicile : il cherche à vous tromper par de belles paroles.
Il cherche à vous ______________.

7 Il ne faut pas que les enfants souffrent de la mésentente de leurs parents.
Il ne faut pas qu'ils en ______________.

8 Les chansonniers se plaisent à tourner en ridicule par des plaisanteries ironiques, les mœurs politiques.
Ils se plaisent à ______________ les mœurs politiques.

9 Elle n'est pas de la famille, je ne vois pas pourquoi elle s'attribue le rôle de juger ce qui se passe dans la maison.
Elle ______________ en juge.

10 Il faut mettre les enfants en garde contre les dangers des mauvaises rencontres, les préparer à y résister.
Il faut ______________ les enfants contre les mauvaises rencontres.

11 Il a réussi à attraper le voleur et lui a donné un coup violent dont il se souviendra.
Il lui a ______________ un coup violent

12 Nous allons rappeler par des cérémonies officielles, la Révolution de 1789.
Nous allons ______________ la Révolution de 1789.

13 Elle a été très attristée par le refus de sa candidature.
Elle a été ______________ par ce refus.

14 Sa conduite scandaleuse a été le sujet de toutes les conversations.
Sa conduite scandaleuse a ______________ toutes les conversations.

15 C'est vous qui êtes chargé de cette démarche.
C'est à vous que cette démarche ______________.

16 Quand on a plusieurs enfants il faut veiller à ce qu'aucun ne soit désavantagé.
Il faut qu'aucun ne soit ______________.

17 Dans la règle des couvents, il est prévu des heures pendant lesquelles les moines doivent se consacrer à des réflexions profondes sur les sujets religieux.
Ils doivent ______________ sur des sujets religieux.

18 Elle a tellement de charme que je ne peux lui résister.
Elle me ______________.

19 Il passe son temps à critiquer et railler les jeunes avec ironie.
Il passe son temps à ______________ les jeunes.

20 On lui a fait endosser la responsabilité du déficit.
On lui a ______________ le déficit.

Corrigé page 103. Faites votre score ☐

Subjugué par ses formes plantureuses, le maire tenta d'abuser de Mme Pichu, qui lui assena de violents coups de parapluie. Le scandale défraya longtemps la chronique locale.

5. Les adjectifs mêlés

Remplacez les périphrases ou les expressions synonymes par les vingt adjectifs suivants :

abject	**être enclin à**	**guttural**	**obtus**
candide	**faraud**	**être imbu de**	**outrancier**
concret	**fatidique**	**impénitent**	**partisan**
débile	**féru**	**irrévérencieux**	**subtil**
emphatique	**gouailleur**	**maléfique**	**truculent**

1 On reproche parfois aux hommes politiques de s'enfermer dans des querelles inspirées par l'esprit de parti qui n'ont rien à voir avec l'intérêt général.
On leur reproche des querelles ____________.

2 Il a une façon de s'exprimer haute en couleurs, il ne recule pas devant un mot cru pour amuser son auditoire.
Il a un langage ____________.

3 Exercer un chantage en jouant sur la vie des otages est un acte répugnant qui inspire la révolte et le mépris.
C'est un acte ____________.

4 A la tête de ses camarades plus ou moins terrorisés par l'obscurité et les bruits inexplicables, le petit garçon crânait, faisait le malin.
Le petit garçon avançait tout ____________.

5 Il introduisait des nuances si délicates dans son analyse que l'auditoire était tout ébloui par la finesse de sa sensibilité.
Il introduisait des nuances ____________ dans son analyse.

6 On prête aux gamins de Paris une façon de se moquer des gens avec une ironie assez grossière.
On dit qu'ils sont ____________.

7 Des propos aussi excessifs, aussi outrés perdent de leur portée.
Des propos aussi ____________ perdent de leur portée.

8 Quand on voit tous les malheurs qui arrivent à cause de lui, on peut se demander s'il n'a pas un pouvoir caché malfaisant.
On se demande s'il n'a pas un pouvoir ____________.

9 Il a tenu des propos très insolents, très irrespectueux sur ses professeurs.
Il a tenu des propos ____________.

10 Pour faire peur à ses camarades, il s'était caché et parlait avec une voix de gorge, un peu rauque, qui faisait penser à un fantôme.
Il parlait avec une voix ____________.

11 Il est tout à fait imprégné des préjugés de sa classe.
Il est tout à fait ______________ des préjugés de sa classe.

12 Il est passionné par l'informatique.
Il est ______________ d'informatique.

13 Il ne regrette pas du tout sa conduite et il n'est pas disposé à renoncer à cette façon de faire.
C'est un libertin ______________.

14 Il voyait arriver avec angoisse ce jour qui risquait de changer sa vie, comme s'il s'agissait vraiment d'une intervention du destin.
Il voyait arriver ce jour ______________.

15 Pour faire apprendre les nombres aux enfants, on utilise des cerises ou des allumettes ; en effet il leur faut des exemples empruntés à la réalité.
Il leur faut des exemples ______________.

16 Il est porté à la bienveillance.
Il est ______________ à la bienveillance.

17 Son regard était pur, innocent, naïf.
Son regard était ______________.

18 Il faisait de grandes phrases, employait de grands mots.
Il parlait d'un ton ______________.

19 Qui manque de finesse, de subtilité.
Un esprit particulièrement ______________.

20 s.p. D'une constitution physique faible, qui manque de vigueur.
Pour être docker dans un port, il vaut mieux ne pas être d'un naturel______________.

Corrigé page 103. Faites votre score

Gouailleur, irrévérencieux, il était enclin à se moquer d'autrui de façon outrancière.

6. Mots tout à fait mêlés

l'apogée (m.)	impliquer	profaner	succinct
un belligérant	une incantation	la quintessence	le tact
compatible	indigent	une récrimination	une tare
une compromission	jubiler	se repentir	ténu
s'étioler	juguler	répréhensible	tronquer
une expectative	maquiller	un satellite	la vacuité
expurger	médusé	un simulacre	la validité
fulminer	la merci	stigmatiser	vénérer
la grandiloquence	un misogyne	une stratégie	la verve
l'immunité (f.)	être offusqué	un subterfuge	une virtualité

1 s.f. Pays sous la dépendance politique ou économique d'une grande puissance (par allusion à un élément cosmique).
Un pays ____________ des États-Unis.

2 Personne manquant de moyens d'existence, vivant dans une grande pauvreté.
Il faut secourir les ____________.

3 Ensemble des manœuvres décidées pour obtenir une victoire.
Décider d'une ____________ pour gagner des élections.

4 Paroles ou chants destinés à avoir un effet magique.
Les cérémonies africaines comprennent des ____________

5 Personne qui est hostile à l'égard des femmes.
Un vieux garçon ____________.

6 Au sens vieilli : grâce, pitié.
Un combat sans ____________.

7 L'essentiel, le plus pur d'une chose (par allusion à un procédé de distillation).
Il a exposé la ____________ de sa sagesse.

8 Protestation, réclamation, plainte.
Il nous fatigue par ses ____________ incessantes.

9 Ruse pour se tirer d'une situation embarrassante.
Trouver un ____________.

10 1. Propriété de l'organisme de résister à une maladie.
2. Privilège qui consiste à n'être pas soumis aux juridictions ordinaires.
Parlementaires et diplomates jouissent de ____________.

11 Délicatesse dans les rapports humains, notamment pour éviter de blesser
Agir avec ____________

12 Éloquence qui abuse des grands mots.
Tomber dans la ______________.

13 Au sens moral : infirmité mentale ou physique généralement congénitale. Par extension : grave défaut.
Les ______________ du monde moderne.

14 Attente prudente afin de voir comment les choses évoluent avant de prendre une décision.
Être dans l'______________.

15 S'affaiblir, s'anémier, par comparaison avec une plante qui manque de lumière.
Les enfants privés de soins ______________.

16 Vide mental ou intellectuel.
Se promener dans un état de complète ______________.

17 Pays en état de guerre.
Les forces des deux ______________ sont très inégales.

18 État de ce qui est valable sur un plan administratif.
La ______________ d'un passeport, d'un acte d'état-civil.

19 Acte généralement repréhensible moralement, par lequel on expose sa réputation.
On l'accuse de ______________.

20 Abondance verbale, qualité d'un discours brillant.
Être en ______________.

21 S'applique à ce qui peut aller ensemble.
Ces deux éléments sont ______________.

22 Ce qui n'est qu'en puissance (par allusion à un phénomène optique).
Il appartient à chacun de mettre en valeur ses ______________.

23 Regretter profondément d'avoir accompli une action (connotation religieuse).
La société attend qu'un criminel se ______________ de son acte.

24 Exprimer une joie très vive.
______________ à l'annonce d'un succès.

25 Très fin, très mince.
Un fil ______________. Une nuance ______________.

26 Arrêter le développement d'un phénomène menaçant.
______________ une révolte.

27 Retrancher une partie, amputer.
Le journal n'a publié qu'un discours ____________.

28 Modifier l'apparence d'une chose dans le but de tromper. (Sens spécialisé : utiliser des produits de beauté).
Il a ____________ son passeport.

29 Qui mérite d'être repris, d'être condamné par la morale.
Il a accompli un acte ____________.

30 Qui est dit ou écrit en peu de mots. Synonyme de concis.
Il a fait un exposé très ____________.

31 Aimer avec un grand respect une personne ou une chose (connotation religieuse).
S.p. ____________ une relique. S.f. ____________ un maître.

32 Synonyme de pétrifier, stupéfier (par allusion à un monstre de l'Antiquité à la tête hérissée de serpents).
Il a été ____________ par la violence des critiques qui lui ont été adressées.

33 Froisser, choquer ou causer des blessures d'amour-propre.
J'ai été ____________ par son sans-gêne.

34 Traiter sans respect une chose sacrée (connotation religieuse).
Le lieu de pélerinage a été ____________.

35 Dénoncer, condamner publiquement un acte en soulignant son infamie.
Il a ____________ les dénonciations faites par les collaborateurs sous l'Occupation.

36 Par allusion à Jupiter, qui exprimait sa colère en employant la foudre : éclater en menaces et en invectives.
Il ____________ contre le gouvernement qui augmente les impôts.

37 Par allusion à une donnée astronomique, au sens figuré : point culminant.
A cette époque, sa carrière politique avait atteint son ____________.

38 Ce qui n'a que l'apparence d'une réalité, ou qui n'est qu'un faux-semblant.
Un ____________ de procès.

39 Retrancher d'un écrit ce qu'on trouve contraire aux convenances.
Son texte a été complètement ____________ ; l'auteur est furieux.

40 Mettre quelqu'un en cause dans une affaire compromettante.
Il a été____________ dans une affaire de meurtre.

Corrigé page 103. ***Faites votre score*** ☐

Textes à compléter

1. Double assassinat dans la rue Morgue

« Les **facultés** de l'esprit qu'on définit par le terme "analytiques" sont en elles-mêmes fort peu susceptibles d'analyse. Nous ne les apprécions que par leurs résultats. Ce que nous en savons, entre autres choses, c'est qu'elles sont pour celui qui les possède à un degré extraordinaire une source de jouissance des plus vives. De même que l'homme fort se réjouit dans son aptitude physique, se complaît dans les exercices qui provoquent les muscles à l'action, de même l'analyste prend sa gloire dans cette activité **spirituelle** dont la fonction est de débrouiller. Il tire du plaisir même des plus **triviales** occasions qui mettent ses talents en jeu. Il raffole des énigmes, des rébus, des hiéroglyphes ; il déploie dans chacune des solutions une puissance de **perspicacité** qui, dans l'opinion vulgaire prend un caractère surnaturel. Les résultats, habilement déduits par l'âme même et l'essence de sa méthode, ont réellement tout l'air d'une intuition.

Je prends donc cette occasion de proclamer que la haute puissance de la réflexion est bien plus activement et plus profitablement exploitée par le modeste jeu de dames que par toute la laborieuse futilité des échecs. Dans ce dernier jeu où les pièces sont douées de mouvements divers et bizarres, et représentent des valeurs diverses et variées, la complexité est prise, — erreur fort commune, — pour de la profondeur. L'attention y est puissamment mise en jeu. Si elle se relâche d'un instant, on commet une erreur, d'où il résulte une perte ou une défaite. Comme les mouvements possibles sont, non seulement variés, mais inégaux en puissance, les chances de pareilles erreurs sont très multipliées ; et dans neuf cas sur dix, c'est le joueur le plus attentif qui gagne et non pas le plus habile. Dans les dames, au contraire, où le mouvement est simple dans son espèce et ne subit que peu de variations, les probabilités d'**inadvertance** sont beaucoup moindres, et l'attention n'étant pas absolument et entièrement accaparée, tous les avantages remportés par chacun des joueurs ne peuvent être remportés que par une perspicacité supérieure. »

Edgar Poe

2. La méthode expérimentale

« Nous avons dit que la médecine expérimentale n'est pas un système nouveau de médecine, mais, au contraire, la négation de tous les systèmes. En effet, l'avènement de la médecine expérimentale aura pour résultat de faire disparaître de la science toutes les vues individuelles, pour les remplacer par des théories impersonnelles et générales qui ne seront, comme dans les autres sciences, qu'une coordination régulière et raisonnée des faits fournis par l'expérience.

Or, il faut se le rappeler, le **principe** scientifique immuable, aussi bien dans la médecine que dans les autres sciences expérimentales, c'est le déterminisme absolu des phénomènes.

En méthode expérimentale, **l'hypothèse** est une idée scientifique qu'il s'agit de livrer à l'expérience. L'invention scientifique réside dans la création d'une hypothèse heureuse et féconde ; elle est donnée par le sentiment ou par le génie même du savant qui l'a créée.

Quand l'hypothèse est soumise à la méthode expérimentale, elle devient une théorie ; tandis que si elle est soumise à la logique seule, elle devient un système. Le **système** est donc une hypothèse à laquelle on a ramené logiquement les faits à l'aide du raisonnement, mais sans une vérification critique expérimentale. La **théorie** est l'hypothèse vérifiée, après qu'elle a été soumise au contrôle du raisonnement et de la critique expérimentale.

Si l'on considérait une théorie comme parfaite et si l'on cessait de la véri fier par l'expérience scientifique journalière, elle deviendrait une doctrine. Une **doctrine** est donc une théorie que l'on regarde comme immuable, et que l'on prend pour point de départ des déductions ultérieures, que l'on se croit dispensé de soumettre désormais à la vérification expérimentale.

En un mot, les systèmes et les doctrines en médecine sont des idées hypothétiques ou théoriques transformées en principes immuables. Cette manière de procéder appartient essentiellement à la scolastique et elle diffère radicalement de la méthode expérimentale. Il y a en effet contradiction entre ces deux procédés de l'esprit. Le système et la doctrine procèdent par affirmation et par **déduction** purement **logique** : la méthode expérimentale procède toujours par le doute et par la vérification expérimentale.

Il faut donc prendre garde, dans l'éducation, que les connaissances qui doivent armer l'intelligence ne l'accablent par leur poids, et que les règles qui sont destinées à soutenir les côtés faibles de l'esprit n'en atrophient ou n'en étouffent les côtés puissants et féconds. Je n'ai pas à entrer ici dans d'autres développements ; j'ai dû me borner à prémunir les sciences biologiques et la médecine expérimentale contre les exagérations de l'érudition et contre l'envahissement et la domination des systèmes, parce que ces sciences, en s'y soumettant, verraient disparaître leur fécondité et perdraient l'indépendance et la liberté d'esprit, qui seront toujours les conditions essentielles de tous le progrès de l'humanité. »

Claude Bernard.

2. Noms synonymes

1 régression
2 outrecuidance
3 licence
4 misanthrope
5 suprématie
6 répression
7 novice
8 décrépitude
9 parité
10 accalmie
11 analogie
12 éloquence
13 parricide
14 allergie
15 adepte
16 propension
17 prémices
18 protocole
19 monopole
20 mégalomane

3. Noms mêlés

1 préméditation
2 processus
3 sagacité
4 entité
5 égide
6 procédure
7 stéréotype
8 thèse
9 opinion
10 idée
11 fondement
12 ferment
13 antithèse
14 clause
15 mœurs
16 foyer
17 dualité
18 préjugé
19 allégation
20 allergie

4. Verbes mêlés

1 déplorer
2 lésiner
3 moduler
4 révérer
5 sidérer
6 leurrer
7 pâtir
8 persifler
9 s'ériger
10 prémunir
11 assener
12 commémorer
13 affecter
14 défrayer
15 incomber
16 léser
17 méditer
18 subjuguer
19 vitupérer
20 imputer

5. Adjectifs mêlés

1 partisan
2 truculent
3 abject
4 faraud
5 subtil
6 gouailleur
7 outrancier
8 maléfique
9 irrévencieux
10 guttural
11 imbu
12 féru
13 impénitent
14 fatidique
15 concret
16 enclin
17 candide
18 emphatique
19 obtus
20 débile

6. Mots mêlés

1 satellite
2 indigent
3 stratégie
4 incantation
5 misogyne
6 merci
7 quintessence
8 récrimination
9 subterfuge
10 immunité
11 tact
12 grandiloquence
13 tare
14 expectative
15 s'étioler
16 vacuité
17 belligérant
18 validité
19 compromission
20 verve
21 compatible
22 virtualité
23 se repentir
24 jubiler
25 ténu
26 juguler
27 tronquer
28 maquiller
29 répréhensible
30 succinct
31 vénérer
32 méduser
33 offusquer
34 profaner
35 stigmatiser
36 fulminer
37 apogée
38 simulacre
39 expurger
40 impliquer

4e SÉRIE : LE VOCABULAIRE AU BAC

Questions de vocabulaire pour l'épreuve de français du baccalauréat

• **A l'intention des élèves des lycées : préparez-vous à répondre aux questions de vocabulaire du sujet numéro 1 de l'épreuve anticipée de français. (Au baccalauréat, le sujet n° 1 comporte un texte à résumer, des questions de vocabulaire portant sur des mots du texte, puis une discussion).**

• **Extrait des instructions officielles**
On demande aux candidats d'expliquer le sens dans le texte de deux ou trois mots (ou expressions) choisis de préférence parmi ceux qui constituent des jalons importants de la lecture et en éclairent la signification.
Il s'agit de mots (ou d'expressions) d'usage courant dont un raisonnement sur le contexte et éventuellement sur la syntaxe de la phrase, permet de préciser la valeur dans le texte.
N.B. - Les réponses doivent être très soigneusement rédigées à l'aide de phrases complètes.

• Il peut être bon — selon le cas — de préciser d'abord le sens des mots importants (mots-clés) en s'appuyant (si l'on est sûr de soi) sur l'étymologie, en indiquant le sens général ou le sens courant avant d'expliquer le mot ou l'expression dans son contexte, en précisant s'il s'agit d'un emploi figuré, en étant attentif à la construction de la phrase, au procédé stylistique qui peut être utilisé (par exemple, une métaphore), à l'intention de l'auteur (qui peut être par exemple ironique), aux allusions culturelles qui peuvent être explicites ou sous-entendues dans la phrase proposée.

Liste alphabétique

Voici des mots qui ont déjà été demandés au baccalauréat.
Ils sont présentés, p. 106 à 114, dans des citations extraites des textes à résumer.
– Vérifiez si vous connaissez le sens de chaque mot dans cette liste.
— Sinon, exercez-vous, à l'aide des pages qui suivent, à les expliquer dans leur contexte.
Définitions complètes p. 115

absurde 45
altruisme 51
l'anarchie 21
ancestrale (une valeur) 38
l'apanage 08
archaïque 40
un argument 28
auguste (une floraison) 17
un avilissement 01
bafouer 04
un bouffon 23
en butte à 05
le chauvinisme 17
une civilisation 35
un cliché 48
la commisération 05
conférer à 33
conformiste 09
une conjoncture 37
un culte 20
une culture 18
le cynisme 41
une damnation 40
se débiliter 24
une déficience 12
la démagogie 33
la dérision 05
dérisoire 23
une désaffection 18
se désaliéner 29
un despotisme 21
un déterminisme 11
une disparité 15
esthétique (une vie) 22, 39
un euphémisme 20
une exaltation 17
exsangue 41
un fanatisme 49
féconder 14
un fétichisme 16
une finalité 06
une frustration 16
gratuit 27
hétéroclite 47
humaniste 18
iconoclaste 38
une idéologie 07
immémoriale (une nostalgie) 32
immuable 25
des impondérables 47
indéniable 18
une inertie 11
une inflation 19
initiation (un rite d') 34
insatiable (un explorateur) 05
l'intégrité 13
intempestif 03
un intercesseur 32
être investi 20
ludique 27
magiquement 20
la malignité 17
un mécompte 02
une mentalité 11
le narcissisme 33
être l'obligé de quelqu'un 29
une oppression 48
une osmose 22
l'ostentation 26
aller de pair 38
une panacée 10
paradoxal 09
parasité 46
patriarcal 42
un patrimoine 13
péremptoire (un argument) 28
une perversion 27
philosophique (une réflexion) 22
un plagiat 41
la précarité 34
la primauté 49
une problématique 36
la promiscuité 07
une pulsion 03
refouler 03
réfractaire 44
une régénération 11
réhabiliter 43
rétif 30
réviser ses conceptions 04
rites 52
rituelle (une œuvre) 11
romanesque 19
le sadisme 12
un salut 40
la sollicitude 07
spécifique 36
un statut 36
un symbole 50
synthétiques (des témoins) 13
tacitement (conclu) 35
une utopie 31
une vie intérieure 29

1. Le vocabulaire contemporain

1 On n'est pas resté soi.

L'avilissement des individus tourne curieusement en une sorte de vanité et une volonté de puissance, et tout cela fait une "civilisation" sans particulière cruauté, sans trop voyante laideur, un peu grossière et un peu bête, contente d'elle-même et assez heureuse.

Jean Guéhenno, *Carnets du vieil écrivain*, 1971.

2 L'art d'être heureux.

On devrait tenir pour une impolitesse de décrire aux autres un mal de tête, une nausée, une aigreur, une colique, quand même ce serait en termes choisis. De même pour les injustices et pour les mécomptes.

Alain, *Propos sur le bonheur*, 1910.

3 La violence existe entre nous.

La fréquence des images de violence au cinéma et sur les écrans de télévision encourage les accès de violence intempestifs et, en même temps, augmente la peur de la violence, sans aider le spectateur à comprendre sa nature. En affirmant qu'il n'y a pas ou qu'il ne doit pas y avoir place pour la violence dans notre nature affective, nous évitons de chercher les moyens éducatifs qui permettraient de contrôler les tendances violentes, nous essayons, de cette façon, d'obliger chaque individu à refouler ses pulsions agressives (...)

Bruno Bettelheim, *Survivre*, 1979.

4 Regarder la mort en face.

On voit tous les jours des femmes et des enfants brutalisés, et j'ai personnellement été confronté à des situations où la femme était bafouée dans sa personne. Tout cela m'a conduit à réviser mes conceptions et à entamer mon adhésion à l'idée d'une conservation inconditionnelle de la vie.

Alexandre Minkowski, *Un Juif pas très catholique*.

5 L'enfant : un étonnant travailleur.

L'enfant est une personne sérieuse. C'est un étonnant travailleur, acharné, infatigable, attentif, lucide et précis. Dès l'instant où il vient au monde, c'est un explorateur insatiable, téméraire, curieux, qui se sert de ses sens et de son intelligence comme un scientifique ; toute son énergie est tendue vers la connaissance. Il essaie et essaie à nouveau (...) toujours prêt à s'exposer, à se risquer dans un monde d'adultes fait pour les adultes, alors que ce monde l'entrave au lieu de le favoriser, toujours en butte à la dérision, à la commisération, au paternalisme protecteur ou à l'indifférence (...).

Elena Gianini Belotti, *Du côté des petites filles*.

6 Jeunesse et travail.

Quand les jeunes sont interrogés, c'est d'ailleurs généralement plus dans une perspective concrète d'orientation professionnelle, que pour les inviter à réfléchir sur le contenu et la finalité d'une activité laborieuse à laquelle ils sont pourtant condamnés à consacrer demain tant de temps et tant d'eux-mêmes.

Jean Rousselet, *L'allergie au travail.*

7 Vacances.

Une société met longtemps à digérer ses conquêtes. La nôtre ne s'est pas encore habituée au droit aux vacances qu'elle s'est concédé. L'idéologie de la peine et du labeur pèse sur elle si fortement que le loisir ne va pas sans mauvaise conscience. Pour les enfants, les vacances sont l'expression la plus sournoise de l'injustice sociale. Aux uns les livres, la culture, les voyages à l'étranger, la sollicitude familiale, la richesse de la conversation, les jeux qui ouvrent l'esprit. Aux autres, la promiscuité, la rue, le silence des adultes, l'entourage absent, la télévision, la bousculade.

Frédéric Gaussen, *Le Monde de l'éducation,* 1975.

8 La mode.

... La mode est désormais l'apanage des adolescents.

Évelyne Sullerot, *Droit de regard*

9 Objection au féminisme agressif.

J'ai de fortes objections au féminisme tel qu'il se présente aujourd'hui (...) ceci vous paraîtra sans doute paradoxal, il est conformiste, en ce sens que la femme semble aspirer à la liberté et au bonheur du bureaucrate qui part chaque matin, une serviette sous le bras, ou de l'ouvrier qui pointe dans une usine.

Marguerite Yourcenar, *Les yeux ouverts.*

10 Le travail libère-t-il vraiment les femmes ?

Quand une femme commence à contester son mari et cherche un contact sur le mode agressif, il ne la renvoie plus à ses casseroles, mais il élude par le magique : Travaille !'' De là à ce que le travail devienne la panacée à tous les maux de la femme moderne, il n'y a qu'un pas que nous avons allègrement franchi.

Paule Giron, *Elle,* 1974.

11 La lucidité devant la maternité.

Au temps où huit femmes sur dix étaient des paysannes, la maternité était le centre, la source, de toute la culture féminine ; (...) au cours des grandes lessives et des grands nettoyages, elle accomplissait une œuvre rituelle de purification et de régénération ; elle soignait les maladies, pansait les plaies, disait les paroles magiques, cueillait les plantes salvatrices (...). Leur liberté reste encore souvent formelle, limitée par des conditions économiques, des contraintes sociales, l'inertie des mentalités. L'histoire des mères les aidera à comprendre quels déterminismes pèsent sur elles.

Yvonne Knibielher et Catherine Fouquet, *Histoire des mères*, 1977.

12 Les vieillards dans la société moderne.

Ce qui caractérise l'attitude pratique de l'adulte à l'égard des vieillards, c'est sa duplicité. Il s'attachera à faire sentir à son père ses déficiences, ses maladresses, afin que le vieil homme lui cède la direction des affaires, lui épargne ses conseils et se résigne à un rôle passif. L'homme âgé apparaissant au plus jeune comme sa caricature, il s'amuse à le caricaturer, afin de s'en désolidariser par le rire. Il entre parfois du sadisme dans cette dérision.

Simone de Beauvoir, *La vieillesse*.

13 Le patrimoine architectural.

Le patrimoine architectural est certainement, en premier lieu, un refuge pour la culture. Il s'agit d'un capital qu'il faut inlassablement maintenir et faire fructifier. D'abord le maintenir. Mais il ne suffit pas de préserver l'intégrité matérielle des bâtiments. Certains monuments, les plus vastes et les plus notoires, ne peuvent avoir que valeur d'illustration historique, mais complète et vivante. On les rétablit dans un état aussi proche que possible de ce qu'il était, notamment au point de vue du mobilier et de la décoration, à l'un des moments significatifs de leur existence (...) ou l'on en fait les témoins synthétiques d'une époque ou d'une tradition.

Jacques Rigaud, *Le patrimoine architectural*.

14 Construction et vie des cités.

Creuser des ports, c'était féconder la beauté des golfes.

Marguerite Yourcenar, *Mémoires d'Hadrien*.

15 Paris, capitale de l'oppression.

Il est surprenant que l'aménagement du territoire n'ait fait l'objet d'une politique qu'après 1962. Alors que le problème de la disparité croissante entre "Paris et le désert français" était si ancien.

Alain Peyrefitte, *Le Mal français*.

16 La rue d'une grande ville.

Derrière les vitrines, les objets vivent de leur vie souveraine (...) dans leur trajet entre la production et la consommation, ils règnent sur la rue, intermédiaire entre les hommes. Ils s'y fétichisent complètement, et ce fétichisme se métamorphose en une sorte de splendeur, qui rapproche certaines rues (...) des musées et les grands magasins des cathédrales. Par les objets et leur beauté et leur offrande et leur refus, la rue devient le lieu du rêve le plus proche de l'imaginaire, et aussi le lieu de la plus dure réalité, celle de l'argent et de la frustration.

Henri Lefèbvre, *La rue d'une grande ville*.

17 Paris et ses monuments.

Nous venons, écrivains, peintres, sculpteurs, architectes, amateurs passionnés de la beauté, jusqu'ici intacte, de Paris, protester de toutes nos forces, de toute notre indignation, au nom du goût français méconnu, au nom de l'art et de l'histoire français menacés, contre l'érection, en plein cœur de notre capitale, de l'inutile et monstrueuse Tour Eiffel, que la malignité publique, souvent empreinte de bon sens et d'esprit de justice, a déjà baptisée du nom de « Tour de Babel ». Sans tomber dans l'exaltation du chauvinisme, nous avons le droit de proclamer bien haut que Paris est la ville sans rivale dans le monde. Au-dessus de ses rues, de ses boulevards élargis, du milieu de ses magnifiques promenades, surgissent les plus nobles monuments que le genre humain ait enfantés. L'âme de la France, créatrice de chefs-d'œuvre, resplendit parmi cette floraison auguste de pierre.

« Les artistes contre la Tour Eiffel », *Journal Le Temps*, 1887.

18 L'archéologie et la culture moderne.

(...) On constate, dans les milieux les plus traditionalistes, une désaffection indéniable pour la culture humaniste telle qu'elle était constituée aux XVIe et XVIIe siècles, et notamment pour l'étude scolaire des langues anciennes.

G. Charles-Picard, *L'archéologie,* 1969.

19 Éloge du grenier.

Pourquoi parler de ces cahiers et de ces livres mis au rancart ? Ne prennent-ils pas quelque valeur, ces rossignols, d'avoir été négligés, victimes de l'inflation romanesque et littéraire ?

Xavier Grall.

20 La peur des mots.

(...) Le fait est que pour nous il n'y a plus ni pauvres, ni vieillards, ni primitifs, ni estropiés ; nous ne voulons connaître que des « économiquement faibles », des « personnes du énième âge », des pays « en voie de développement » et des « handicapés ». En somme, poussés par notre délicatesse, nous travaillons à étouffer le scandale d'être, en condamnant les mots qui le disent trop clairement à s'effacer devant les mots décents, mais cette substitution ne traduit pas seulement les bonnes et les mauvaises raisons couvertes par le respect humain, elle force aussi à constater que le mot, investi magiquement du même pouvoir que son contenu, reste pour nous l'objet d'un culte superstitieux (...). S'ils sont mieux faits pour masquer les réalités gênantes que pour aider à les supprimer, nos euphémismes disgracieux ont cependant le mérite d'épargner aux défavorisés le surcroît d'humiliation que leur valait leur nom.

Marthe Robert, *Le livre de lecture* , 1977.

21 Loisirs et mass média.

Loisirs livrés à la libre entreprise ? Loisirs organisés par l'État ? La voie est étroite entre l'anarchie et le despotisme.

Georges Friedmann, *Où va le travail humain* ?

22 Culture et mass média.
Si l'accès d'un plus grand nombre de personnes aux études et l'extension de leurs loisirs doivent avoir pour fruit naturel de développer chez elles le sens de la réflexion philosophique et de la vie esthétique, aucun désordre personnel ni social n'en devrait naître. D'abord si les mass média constituent indiscutablement un instrument de culture puissant, il a ceci de particulier qu'il privilégie l'image, sonore ou surtout visuelle, sur l'idée. C'est comme une ambiance qui imprègne l'âme, ou plutôt une substance affective ou sensible qui pénètre la conscience par osmose.

Pierre-Henri Simon.

23 Le divertissement contemporain.
La vie moderne (...) propose, impose, même, le divertissement. Les distractions des souverains paraissent dérisoires comparées à celles qu'offrent la télévision, le cinéma, les voyages, la promotion sociale. Le plus modeste citoyen a des milliers de bouffons qui travaillent à l'étourdir.

François de Closets, *Le bonheur en plus*, 1974.

24 Simples propos.
Le bricolage est tonique parce qu'il reçoit dans la vie familiale la sanction de compliments dont l'être humain a tout autant besoin que le cheval de tapes sur l'encolure. Sans eux il se débilite.

Louis Armand.

25 La loi de la machine.
La machine n'est plus au service de l'homme ; elle n'est plus qu'une loi immuable devant laquelle il faut s'incliner et avec laquelle il faut composer au mieux possible.

François Pingaud, *La quinzaine littéraire*, 1983

26 Théorie de la fête.
Il faut souvent plusieurs années pour réunir la quantité de vivres et de richesses qu'on y verra non seulement consommées ou dépensées avec ostentation, mais encore détruites et gaspillées purement et simplement.

Roger Caillois, *L'homme et le sacré*, 1950.

27 Et Dieu créa le flipper.
Mais il n'est pas sûr que le flipper soit vraiment l'occasion d'une telle perversion des rapports humains. Plaidons pour un retour à la nature heureuse, ludique et surtout gratuite de ce jeu.

Pierre Randal

28 Plaisirs et voyages à crédit ?
L'achat à crédit d'un certain nombre de biens nécessaires à la vie quotidienne d'une famille ne me semble pas une opération contestable. (...) Les spécialistes de ces questions ont un argument péremptoire :
« Vaut-il mieux acheter sa maison à trente ans et passer le reste de sa vie à la payer et à en jouir, ou bien travailler soixante-dix ans pour acheter sa maison à la veille même de la mort ? »

Georges Duhamel, *Géographie cordiale de l'Europe*

29 Se désaliéner pour trouver le bonheur.

Le secret de la vie intérieure est de prendre de la distance vis-à-vis de qui est autre, de se désaliéner au sens véritable du terme, de mettre, par instants, le monde entre parenthèses. Je n'omets pas l'amitié qui mériterait à elle seule tout un livre, (...) ces profonds échanges où chacun se sent l'obligé de l'autre, celui qui donne à l'égal de celui qui reçoit.

Pierre Massé, *La crise du développement.*

30 Suis-je intelligent ?

Nous sommes prêts à réaliser de longs calculs, à résoudre des équations complexes, à recourir à de laborieux développements, mais notre esprit est rétif devant la recherche et la mise au point d'interrogations formulées en termes nouveaux.

Albert Jacquard, *Moi et les autres.*

31 La notion de fair-play.

Puisque le monde n'est pas prêt à reconnaître l'adversaire comme un autre soi-même et à lui accorder toutes ses chances, considérons au moins le sport comme un terrain d'essai, comme le domaine privilégié de cette belle utopie

Jean d'Ormesson, *L'Équipe - Week-end,* 1979

32 Douceurs et colères des éléments.

Au commencement, l'homme, démuni de tout, menacé de toutes parts, n'était que le plus faible et le moins adapté des animaux (...). Mais à mesure que sa puissance augmente et conjure la menace des éléments naturels, une nostalgie immémoriale lui fait regretter les temps héroïques de sa nudité, et de sa faiblesse. Les « héros élémentaires » de notre temps — Éric Tabarly, Paul-Émile Victor, Haroun Tazieff — font figure d'intercesseurs entre le commun des hommes, parmi lesquels ils ont un pied, et l'empire redoutable des mers, des glaces ou des volcans où ils ont l'autre pied.

Michel Tournier, *Des clés et des serrures,* 1979.

33 « Les jeunes » ont remplacé « les petits messieurs ».

Le folklore des petits messieurs inversait pour rire la hiérarchie scolaire par la pseudo-royauté conférée au cancre et par la disqualification du fort en thème. Encouragée tout à la fois par la démagogie politique, par la curiosité journalistique et par le ciblage publicitaire, la jeunesse tend de plus en plus à se fasciner pour sa propre image. La morale du temps flatte ce narcissisme, ne fût-ce qu'en donnant le nom de culture au style de vie du monde adolescent.

Alain Finkielkraut, *Le Nouvel Observateur,* 1984

34 Le sursis de la post-adolescence.

L'obtention d'un premier travail ne marque pas non plus, généralement, un véritable changement d'état, et ceci pour des raisons évidentes : instabilité professionnelle des jeunes, précarité des travaux qui leur sont confiés. Le service militaire, dans les pays développés actuellement non engagés dans des guerres, a perdu également en grande partie sa fonction de rite d'initiation.

André Bejin, *De l'adolescence à la post-adolescence.*

35 Adresse aux hommes et aux femmes encore jeunes.
Je ne sais d'où vient cet accord tacitement conclu entre les hommes depuis le fond des âges sur des règles de conduite sans lesquelles toute civilisation est destinée à périr.

Eugène Ionesco, *Le Monde*, 1980.

36 Un rite initiatique : la moto.
Le sentiment de puissance (...) est un sentiment fortement développé chez le jeune utilisateur d'une moto. Il faut voir dans ce sentiment de puissance le désir de s'affirmer et d'accéder à un statut égalitaire avec l'adulte. On peut avancer que le désir de possession d'une moto est une réponse spécifique et actuelle de la société ultra-mécanisée dans laquelle nous vivons à une problématique spécifique à l'adolescent qui, elle, reste éternelle, sinon dans ses formes, du moins dans son fond.

Romain Libermann (psychiâtre), *Le Monde*, 1978.

37 Le patrimoine vers l'an 2 000.
Qu'on se réfère aux migrations du public ou aux arbitrages des industries culturelles, le patrimoine, le passé, la mémoire individuelle et collective apparaissent bien, depuis quelque temps, comme des investissements à ne pas négliger. Sur le plan économique, la conjoncture entre assurément pour une part importante dans certains succès — peut-être les plus spectaculaires — des partisans actifs et militants de la protection du patrimoine.

Michel Berthod, *Revue des Monuments historiques,* 1980.

38 Paysans agacés : le patrimoine, c'est nous.
Il est curieux de constater que les périodes de récession économique et d'inflation vont de pair avec un retour sur le passé, des retrouvailles avec les valeurs ancestrales pêle-même et un repli sur ce que disait grand-mère. On n'a jamais vu autant d'amateurs de vieilles demeures, de cartes postales anciennes et d'énigmes historiques. Il ne vient à l'idée de personne — ou alors il s'agit de dangereux personnages, à la fois illuminés et iconoclastes — que le patrimoine, c'est aussi la matière grise des artistes contemporains.

Michel Curie, *Le Monde.*

39 L'archéologie et la culture-moderne.
L'archéologie a été d'abord un passe-temps raffiné, source d'émotions esthétiques pour quelques privilégiés, et un auxiliaire de la création artistique.

G. Charles-Picard, *L'archéologie,* 1969.

40 La vie nomade ou sédentaire.

Nomade ou sédentaire : je crois qu'une grande part de l'histoire du monde tient à elle seule dans ces deux mots. Le nomade a toujours constitué la part la plus archaïque de nous-même. Il fut l'état premier de l'homme, contraint de vivre de cueillette, de changer de territoire de chasse, de suivre le gibier dont il vivait. (...) tour à tour chassé, repoussé, excommunié, ou, au contraire, fêté, recherché, imploré, l'Errant apportait avec lui, selon les mentalités, les besoins des différentes communautés, un monde de damnation ou un monde de salut. Les routes, les chemins, les sentiers parcourant la France ont ouvert les portes de l'Enfer ou celles du Paradis.

Jacques Lacarrière, *Chemin faisant.*

41 L'avenir du monde occidental.

Sans doute est-il beaucoup question, à notre époque, de dignité, de justice et de paix : mais, en fait, la dureté et le cynisme dominent, tant dans la vie internationale que dans les relations entre les hommes à l'intérieur de chaque nation. L'architecture n'a réussi qu'en peu de cas, surtout, sinon exclusivement, en Amérique, à échapper soit à un froid utilitarisme, soit au plagiat académique. Il n'est pas discutable, en outre, que notre civilisation n'a pas cessé de perdre du terrain depuis le début du siècle, en partie au moins comme conséquence des conflits internes qui, à deux reprises, l'ont laissée exsangue et épuisée.

Jacques Soustelle, *Les quatre soleils.*

42 L'homme au forum, la femme au foyer !

Voilà qui est clair : la famille peut subsister, on peut lui laisser son contenu affectif mais il faut absolument qu'elle perde tout son contenu répressif. Pour cela il faut supprimer l'autorité patriarcale et tous les rapports de possession qui caractérisent la famille.

Gisèle Halimi, *La cause des femmes.*

43 Les jeux : reflets des types sociaux.

Le sport, dont l'expansion prodigieuse est un des phénomènes typiques de notre époque, marque le triomphe de l'esprit de compétition, bien que l'élément de hasard ne disparaisse jamais entièrement. Il réhabilite des qualités qui n'ont plus guère de prix dans la compétition sociale.

Raymond Aron, *Les désillusions du progrès*, 1967.

44 L'artiste et le conquérant politique.

Dans un temps où le conquérant, par la logique même de son attitude, devient exécuteur et policier, l'artiste est forcé d'être réfractaire.

Albert Camus, *Actuelles I, Le témoin de la liberté.*

45 La propagande de l'information.

Tous ces problèmes, tous ces événements dominent l'homme, l'écrasent sous un sentiment d'infériorité et de crainte.

Peut-il vivre dans ce monde absurde et menaçant ? Il a besoin d'explications, d'un cadre, de réponses, de cohérence, d'affirmation. Plus le monde sera absurde, irrationnel, menaçant, plus ce besoin se fera exigeant.

Roger Clausse, *Le journal de l'actualité*, 1967.

46 Nos rapports avec le temps.
Le temps hors travail est de plus en plus grignoté, parasité par de multiples contraintes

Roger Sue, *Le Monde*, 1982

47 Choisir une épouse, c'est parier.
Les facteurs mis en jeu sont trop hétéroclites (...). Les impondérables deviennent décisifs.

Denis de Rougemont, *L'Amour et l'Occident*, 1938.

48 Oser ne pas penser comme les autres.
Pourquoi refusent-ils de démonter les systèmes de clichés, les cristallisations de clichés qui constituent leur philosophie toute faite, comme des vêtements de confection ? (...). Cette « minorité » exerce sur celui qui ne pense pas comme elle un dramatique terrorisme intellectuel et sentimental, une oppression à peu près insoutenable.

Eugène Ionesco, *Antidotes*, 1977.

49 La démarche scientifique est provisoire.
(...) L'important dans la science, c'est autant l'esprit que le produit, c'est autant l'ouverture, la primauté de la critique, la soumission à l'imprévu, si contrariant soit-il, que le résultat, si nouveau soit-il. Tous les crimes de l'histoire sont des conséquences de quelque fanatisme.

François Jacob, *Le jeu des possibles*, 1981.

50 Voyage vers l'an 2 000.
Si le repos et la détente restent les symboles forts des vacances, ils n'ont plus l'exclusivité.

Roger Sue, *Le Monde*, 1984.

51 Il y a une ivresse d'altruisme qu'on peut étudier dans la Révolution française et dans l'Église primitive, et ces crises de fraternité répondent à un besoin aussi violent que la faim, la soif, l'amour.

A. Maurois, *Les discours du Dr O'Grady*.

52 Il n'y a pas de religion sans rites et sans cérémonies.

H. Bergson

1. La langue contemporaine

Attention : *Les définitions qui suivent sont seulement des éléments de réponses. Exercez-vous à formuler des explications complètes, comme le précisent les instructions officielles p. 104.*

[45] **absurde** (un monde) : insensé, déraisonnable, contraire à la logique (terme mis en lumière par Albert Camus dans ses essais philosophiques).

[51] **l'altruisme** : disposition à s'intéresser et à se dévouer à autrui.

[21] **l'anarchie** : absence de règles et d'autorité, dans le gouvernement d'un pays ou dans toute entreprise ou institution.

[38] **ancestrale** (une valeur) : que l'on tient de ses ancêtres, c'est-à-dire des personnes qui ont vécu dans un passé lointain.

[08] **l'apanage** : terme appartenant à la féodalité : ce qui était donné aux cadets de la famille par le souverain.
Sens courant : le bien exclusif, ce qui appartient en propre à une personne ou à un groupe social.

[40] **la part la plus archaïque de nous-même** : ce qui est très ancien, par exemple « un art archaïque ». Ici il s'agit de sentiments ou de pulsions qui furent ceux de l'homme primitif.

[28] **un argument** : affirmation destinée à emporter l'adhésion de l'interlocuteur.

[17] **une floraison auguste de pierre** : qui inspire le respect, la vénération, que l'on considère un peu comme sacré. Il s'agit, dans le texte, des monuments anciens de Paris auxquels les artistes signataires de l'article opposent la « monstruosité » de la Tour Eiffel.

[01] **avilissement** : déchéance morale progressive.

[04] **bafouer** : traiter avec mépris, outrager, tourner en dérision.

[23] **un bouffon** : personnage dont le rôle est de faire rire par des plaisanteries qui relèvent du comique de farce.

[05] **être en butte à** : être exposé à subir des vexations ou des méchancetés (par allusion à une cible : « être la cible »).

[17] **le chauvinisme** : parti-pris excessif pour ce qui concerne son pays et qui peut conduire à la violence.

[35] **une civilisation** : ensemble des aspects religieux et moraux, intellectuels, scientifiques et techniques ainsi que des pratiques sociales communes à un peuple ou à un groupe de peuples, par exemple « la civilisation occidentale ». Ce terme sous-entend une idée de progrès par rapport à un état primitif.

[48] **un cliché** : banalité, lieu commun que l'on utilise au lieu de prendre la peine de réfléchir.

[05] **la commisération** : terme littéraire équivalent de pitié, de compassion pour des personnes malheureuses ou inférieures.

[33] **conférer à** : attribuer en vertu d'un pouvoir. Dans le texte, le terme est justifié par l'allusion à une pseudo-royauté qui est octroyée ironiquement au cancer.

[09] **conformiste** : qui suit docilement les idées et les usages en cours (connotation péjorative).

[37] **une conjoncture** : rencontre de circonstances qui va permettre une action. S'emploie notamment en économie.

20 **un culte** (s.p.) : ensemble de pratiques religieuses destinées à rendre hommage à une divinité. (s.f.) : vénération pour une personne ou une entité que l'on aime et que l'on respecte, par exemple, le culte de la patrie.

18 **une culture - a.** : ensemble des aspects intellectuels et artistiques ainsi que des traditions appartenant à une époque ou à un groupe social (sens du texte) **b.** : développement des facultés intellectuelles, de la sensibilité, du sens critique, du goût à partir de connaissances acquises (cf exercices d'acquisition 20 a).

41 **le cynisme** : philosophie antique qui professe le mépris des conventions sociales, de l'opinion publique et de la morale. Sens courant : état d'esprit qui pousse à exprimer avec brutalité, sans ménagement ou à manifester par ses actions, son mépris de la morale et des sentiments des autres.

40 **une damnation** (s.p.) : en religion, condamnation à l'enfer.

24 **se débiliter** (s.p.) : s'affaiblir physiquement ou moralement.

12 **une déficience** : insuffisance physique ou mentale, manque, faiblesse.

33 **la démagogie** : conduite qui consiste à flatter les goûts ou les passions d'un peuple ou d'un groupe social pour obtenir son adhésion.

05 **la dérision** : attitude de mépris ironique qui cherche à provoquer la moquerie.

23 **dérisoire** (sens moderne) : tellement minime qu'il en est ridicule.

18 **la désaffection** : fait de ne plus aimer ou apprécier, détachement.

29 **se désaliéner** : se libérer d'une aliénation c'est-à-dire d'une privation de liberté, qu'il s'agisse d'un état mental (qui ne permet plus l'exercice du libre arbitre) ou de circonstances extérieures. Le terme « aliénation » est utilisé par Hegel et Marx pour désigner l'état de l'individu qui perd sa liberté à cause de contraintes économiques ou politiques ou qui devient esclave de ses propres conquêtes. C'est en fonction de ce sens que le mot « désaliéner » est employé dans le texte : il s'agit de se désaliéner du progrès et des contraintes de la vie en société.

21 **le despotisme** : pouvoir absolu et arbitraire qui s'exerce avec rigueur.

11 **un déterminisme** : doctrine ou opinion selon lesquelles les phénomènes ou les actions humaines sont conditionnés par des éléments antérieurs ou par d'autres phénomènes.

15 **une disparité** : absence d'accord entre des éléments, différence ou inégalité.

22 et 39 **esthétique** : qui a un rapport avec la beauté.

20 **un euphémisme** : expression atténuée d'une réalité pour éviter de choquer ou de blesser.

17 **une exaltation** (langue religieuse) : glorification. Sens courant : état d'enthousiasme, de surexcitation.

41 **exsangue** (s.p.) : qui a perdu beaucoup de sang, très pâle. (s.f.) : sans force, très affaibli. Dans le texte : « une civilisation exsangue ».

49 **le fanatisme** : passion excessive inspirée notamment par une religion ou une doctrine et qui conduit à la violence.

14 **féconder** (s.p.) : accomplir le geste qui déclenche une reproduction physiologique ou rendre fertile, par exemple, une terre. (s.f.) : se dit aussi pour des activités intellectuelles ou artistiques.

16 **le fétichisme** (s.p.): culte des fétiches, objets auxquels on attribue un pouvoir surnaturel. (s.f.) : attachement exagéré pour une entité, une personne ou un objet. Dans le texte, les objets de consommation prennent une valeur de fétiches.

06 **une finalité** : le but vers lequel tend une action.

16 **une frustration** : sentiment pénible résultant de la privation d'une satisfaction.

27 **gratuit** : qui ne se paie pas, qui ne demande pas d'efforts pour être obtenu ; acte gratuit : sans mobile.

47 **hétéroclite** : se dit d'éléments appartenant à des styles différents, formant un ensemble sans unité. Dans le texte, les facteurs intervenant dans le choix d'une épouse sont très divers et de nature très différente.

18 **humaniste** : dans le texte, il s'agit de la culture de la Renaissance et de l'époque classique, à l'école des Anciens qui met l'accent sur les valeurs humaines (Champs lexicaux, 20 a).

38 **iconoclaste** (s.p.) : qui détruit les images saintes, notamment les statues. Par extension : qui détruit les œuvres d'art.

07 **une idéologie** (sens moderne) : système d'idées sur lequel se fonde un groupe social pour juger et agir.

32 **immémoriale** : dont l'origine est si ancienne qu'elle n'est plus dans les mémoires. Dans le texte, il s'agit d'une nostalgie dont l'origine se perd dans la nuit des temps.

25 **immuable** : qui ne change pas. Dans le texte, l'homme ne peut changer les contraintes imposées par la machine, il doit donc se soumettre à celle-ci.

47 **un impondérable** (au sens étymologique) : que l'on ne peut peser. Souvent au pluriel : éléments que l'on ne peut prendre en compte et qui peuvent pourtant intervenir dans un choix ou dans un acte.

18 **indéniable** : que l'on ne peut dénier, c'est-à-dire rejeter, refuser de reconnaître.

11 **une inertie** (s.f.) : par allusion à un corps qui ne peut se mettre lui-même en mouvement, manque d'activité, d'énergie, de capacité de changement. Dans le texte, parce qu'elles n'évoluent pas, les mentalités freinent les changements souhaités dans la condition des femmes.

19 **une inflation** (s.p.) : mouvement monétaire entraînant une hausse des prix. (s.f.) : mouvement tendant à accroître une activité. Dans le texte, l'auteur fait allusion à l'accroissement de la production d'œuvres littéraires et notamment de romans.

34 **une initiation** : à l'origine, admission à la connaissance de mystères ; cette admission se faisait au cours d'une cérémonie, d'où l'expression : « rite d'initiation ». Dans le texte, l'auteur fait allusion au fait que le service militaire constituait autrefois un passage à l'état adulte et donc, pour l'adolescent, l'équivalent d'une initiation.

05 **insatiable** : qui ne peut être rassasié. S'emploie surtout au sens figuré. Dans le texte, il s'agit de la curiosité de l'enfant qui n'est jamais assouvie.

13 **l'intégrité** : le fait qu'une chose est demeurée intacte, entière. Dans le texte : on s'efforce de préserver les bâtiments appartenant au patrimoine, des atteintes du temps, afin qu'ils soient conservés tels qu'ils étaient à l'origine, sans que rien n'en soit enlevé.

03 **intempestif** : qui se produit à un moment qui ne convient pas, inopportun. Dans le texte : il s'agit d'accès de violence qui ne devraient pas se produire.

32 **un intercesseur** (langue religieuse et littéraire) : personne qui intervient en faveur de quelqu'un. Dans le texte, les explorateurs, les hommes qui vivent dans l'intimité de la nature semblent intervenir pour nous auprès des éléments redoutables de cette nature.

20 **être investi** : se voir attribuer solennellement un pouvoir, un droit, une fonction. Cf. la cérémonie d'investiture d'un président de la République. Dans le texte, le terme « investi » est justifié par l'adverbe « magiquement » : on attribue au mot, d'une manière magique, le même pouvoir qu'à l'objet qu'il désigne.

27 **ludique** : relatif au jeu. Dans le texte : le flipper n'a d'autre fonction que le jeu.

20 **magiquement** : caractérise une action accomplie par magie, c'est-à-dire d'une façon inexplicable, merveilleuse, occulte, par opposition à un processus logique et rationnel. Dans le texte, le mot se trouve doté d'un pouvoir par une opération qui n'a aucune explication rationnelle.

17 **la malignité** : de « malin » au sens de « méchant ». Caractère de ce qui cherche à faire mal, à nuire bassement. Dans le texte, le mot signifie plutôt la moquerie, l'ironie.

02 **un mécompte** : espoir déçu, parce qu'on a mal calculé. Dans le texte, Alain recommande de ne pas importuner ses interlocuteurs en parlant de ses déceptions dans la réalisation de ses projets.

11 **une mentalité** (souvent employé au pluriel) : manière de penser d'un groupe humain, fondée sur ses croyances, ses coutumes. Dans le texte, dans les mentalités des sociétés occidentales, subsiste l'idée que les femmes doivent rester à la maison et élever les enfants.

33 **le narcissisme** : par allusion à Narcisse, personnage mythologique qui s'éprit de lui-même en regardant son image, intérêt exclusif porté à soi-même. Dans le texte, ce terme s'applique à la jeunesse qui, d'après l'auteur, tend à « se fasciner pour sa propre image ».

28 **être l'obligé de quelqu'un** : être redevable à quelqu'un d'une aide ou d'un service rendu, lui devoir au moins de la reconnaissance.

48 **une oppression** : domination par la force, état de celui qui est opprimé. Dans le texte, Ionesco dénonce l'intolérance de ceux qui ne peuvent supporter que l'on ne pense pas comme eux et qui cherchent à imposer leurs idées par la force.

22 **une osmose** : par allusion à un phénomène physique dans lesquel des constituants de liquides différents peuvent se mélanger dans certaines conditions, s'emploie au sens figuré pour signifier une interpénétration, une influence réciproque. Dans le texte, d'après l'auteur, l'audio-visuel crée une ambiance qui imprègne la conscience sans passer par un processus d'acquisition intellectuelle.

26 **l'ostentation** : au sens étymologique, action de montrer. Nuance péjorative : faire étalage, par exemple de ses qualités ou de sa fortune. Dans le texte : au cours des fêtes dont parle Roger Caillois, les richesses sont dépensées de façon à attirer l'attention de toutes les personnes présentes.

38 **aller de pair** : aller ensemble, être au même niveau. Dans le texte : le retour sur le passé se développe en même temps et avec la même importance que la récession.

10 **une panacée** (s.p.) : Remède universel, qui guérit tous les maux. (s.f.) : ce qui peut résoudre toutes les difficultés.

09 **paradoxal** : contraire à l'opinion attendue, donc surprenant. Dans le texte : on s'attend à ce que l'auteur considère le féminisme comme un mouvement de libération et non comme un conformisme.

46 **parasité** : qui est victime de parasites vivant à ses dépens. Dans le texte, de multiples contraintes prennent sur le temps des loisirs et le diminuent.

42 **patriarcale** : allusion à des types de société dans lesquels la famille est sous l'autorité du père de famille le plus âgé.

13 **un patrimoine** : au sens étymologique, héritage du père. Biens venant des ancêtres, constituant l'héritage d'une personne ou d'un groupe social.
Le patrimoine architectural est l'ensemble des édifices et plus particulièrement des monuments qui nous viennent du passé.

28 **péremptoire** : contre lequel on ne peut rien répliquer.

27 **une perversion** (sens moral) : le fait de corrompre, de rendre mauvais ; débauche, dépravation. Dans le texte, le fait de changer quelque chose en un sens regrettable ; détérioration des rapports sociaux.

22 **une réflexion philosophique** : réflexion abstraite sur les fondements du monde et les valeurs humaines, qui a pour but d'élaborer une « sagesse », c'est-à-dire un système de valeurs personnel, un art de vivre.

41 **un plagiat** : dans les arts et les lettres, imitation malhonnête passible d'une sanction. Dans le texte, imitation sans valeur (connotation péjorative).

34 **la précarité** : état de ce qui n'est pas assuré. Dans le texte, les travaux que trouvent les jeunes ne leur assurent pas des emplois stables.

[49] **la primauté** : le fait d'être au premier rang, d'avoir la première place.

[36] **une problématique** : ensemble de questions ou de problèmes.

[07] **la promiscuité** : le fait de devoir vivre trop près les uns des autres, au sens propre ou figuré.

[03] **une pulsion** : terme spécialisé en psychanalyse : tendance psychique inconsciente qui pousse à agir

[03] **refouler** (sens courant) : empêcher de passer, faire reculer. En psychologie et en psychanalyse : empêcher de s'extérioriser ou même de se manifester à la conscience. S'emploie notamment pour les pulsions instinctives que le sens moral condamne.

[44] **réfractaire** : qui refuse d'obéir, de se soumettre. Dans le texte, Albert Camus oppose l'artiste épris de liberté qui refuse de se soumettre au gouvernant qui impose sa loi.

[11] **une régénération** (s.p.) : reconstitution d'un organe détruit. (s.f.) : renouvellement ou renaissance, sur le plan moral, de ce qui était altéré, corrompu.

[43] **réhabiliter** : rétablir quelqu'un dans ses droits, ou dans l'estime publique.

[30] **rétif** : qui refuse de se laisser entraîner.

[04] **réviser** : examiner de nouveau pour changer ou corriger.

[52] **rites** : règles d'une cérémonie, ou manière de faire invariable. Cf. l'adj. **rituel** ([11]).

[19] **romanesque** : dans le texte : qui concerne le roman.

[12] **le sadisme** : par allusion aux œuvres du marquis de Sade (1740-1814), dépravation qui consiste à trouver du plaisir à faire souffrir les autres, en particulier au cours de pratiques sexuelles. Dans le texte, Simone de Beauvoir soupçonne les adultes de trouver un plaisir pervers à se moquer des vieillards.

[40] **un salut** : ce qui permet d'être sauvé, d'échapper à un danger et de trouver un état heureux. Dans le texte, l'errant, le vagabond apparaît soit comme un homme dangereux, soit comme un être qui fait rêver de liberté, donc de bonheur. (Sens religieux, cf. Champs lexicaux, 19 a).

[07] **la sollicitude** : attitude affectueuse et attentive envers une personne. Dans le texte, il s'agit de l'affection familiale qui porte à veiller sur l'enfant et à l'entourer.

[36] **spécifique** (s.p.) : qui est propre à une espèce. Dans le texte, (s.f.) : qui est caractéristique d'un être ou d'un groupe social.

[36] **un statut** (s.p.) : situation, d'une personne ou d'un groupe, déterminée par des lois ou des textes administratifs. Sens courant : situation, position au sein de la société. Dans le texte, il est fait allusion à la situation de l'adolescent telle qu'elle est reconnue par la société.

[50] **un symbole** : ce qui représente une réalité, ce qui en est le signe. Dans le texte, jusqu'à ces dernières années, le repos, la détente étaient la marque des vacances (cf. Champs lexicaux, 20 a).

[13] **synthétique** : qui constitue une synthèse, c'est-à-dire qui réunit les éléments d'une discussion, d'un exposé ou d'une réalité. Dans le texte, on a meublé et décoré les monuments du passé de façon à donner une idée d'ensemble de l'époque à laquelle ils appartiennent.

[35] **tacitement** : qualifie le fait de se mettre d'accord de façon sous-entendue, sans exprimer clairement les conditions de cet accord.

[31] **une utopie** : projet de société ou de gouvernement résultant d'un travail de l'imagination et ne tenant pas compte de la réalité. Dans le texte, le fait de respecter l'adversaire n'est pas une conduite mise en pratique dans la réalité. Peut-être le sport est-il un domaine dans lequel il y a une chance que ce projet généreux se réalise (cf. Champs lexicaux, 20 a).

[29] **la vie intérieure** : ce que l'on vit en soi-même, qui est du domaine de la pensée, de l'affectivité, de la subjectivité.

2. Le français classique

Entraînement à l'explication de citations extraites d'œuvres littéraires.
Indiquez avec précision le sens du mot souligné et expliquez la citation.

1 **Marianne à son père qui veut lui faire épouser Tartuffe :**
« Sauvez-moi du tourment d'être à ce que j'abhorre... »

Molière, *Tartuffe*, IV, 3

2 « Quant de la chair que trop avons nourrie,
Elle est pieça dévorée et pourrie,
Et nous, les os, devenons cendre et pou(l)dre.
De nostre mal personne ne s'en rie :
Mais priez Dieu que tous nous veuille absou(l)dre ! »

Villon, *Ballade des pendus.*

3 « Il était tout naturel d'imaginer qu'après tant de désastres, Candide marié avec sa maîtresse... mènerait la vie du monde la plus agréable ; mais il fut tant friponné par les Juifs qu'il ne lui resta plus rien que sa petite métairie ; sa femme, devenant tous les jours plus laide, devint acariâtre et insupportable : la vieille était infirme et fut encore de plus mauvaise humeur que Cunégonde. »

Voltaire, *Candide,* XXX.

4 **Exilé à Rome, du Bellay se plaint de l'état dépressif dans lequel il se trouve :**
« Où est ce cœur vainqueur de toute adversité ? »

J. du Bellay, *Les Regrets* (Las ! où est maintenant ce mépris de Fortune ?)

5 Les affinités électives.

Titre d'un roman de Goethe.

6 « Ici la nature est simple, agreste mais touchante encore dans cette simplicité un peu sauvage : et pour moi, c'est ainsi que je l'aime surtout. Moins elle rappelle l'homme, plus elle me plaît ».

Lamennais, *Correspondance.*

7 **Chimène à l'infante qui essaie d'apaiser son inquiétude :**
« Don Diègue est trop altier et je connais mon père ».

Corneille, *Le Cid*, II, 3.

8 **Lamartine évoquant son pays natal :**
« Chaumière où du foyer étincelait la flamme,
Toit que le pèlerin aimait à voir fumer,
...Objets inanimés, avez-vous donc une âme
Qui s'attache à notre âme et la force d'aimer ? »

Lamartine, *Harmonies poétiques et religieuses,* « Milly ou la terre natale ».

9 « Voilà le bien que m'ont fait mes persécuteurs en épuisant sans mesure tous les traits de leur animosité. Ils se sont ôtés sur moi tout emprise et je puis désormais me moquer d'eux ».

Rousseau, *Rêveries du promeneur solitaire*, 1re promenade.

10 « Nul homme ne peut être accusé, arrêté, ni détenu que dans les cas déterminés par la loi, et selon les formes qu'elle a prescrites. Ceux qui sollicitent, expédient, exécutent ou font exécuter des ordres arbitraires doivent être punis... »

Déclaration des droits de l'homme et du citoyen, Article 7

11 **Dorine à Orgon qu'elle veut dissuader de donner sa fille en mariage à Tartuffe :**
« Elle ? Elle n'en fera qu'un sot*, je vous assure.
— Ouais ! quel discours !
— Je dis qu'il en a l'encolure
Et que son ascendant, Monsieur, l'emportera
Sur toute la vertu que votre fille aura.

* (sot : mari trompé)

Molière, *Tartuffe*, II, 2.

12 « Vois sur ces canaux
Dormir ces vaisseaux
Dont l'humeur est vagabonde
C'est pour assouvir
Tes moindres désirs
Qu'ils viennent du bout du monde... ».

C. Baudelaire, *Les Fleurs du Mal,* « L'invitation au voyage ».

13 **Oenone craint pour Phèdre le comportement d'Hippolyte après la mort de Thésée :**
« Peut-être convaincu de votre aversion
Il va donner un chef à la sédition. »

Racine, *Phèdre*, I, 5.

14 **Philinte à Alceste qui affirme qu'on ne doit jamais masquer ses sentiments :**
« Serait-il à propos et de la bienséance
De dire à mille gens tout ce que d'eux l'on pense ? »

Molière, *Le Misanthrope*,, I, 1.

15 « Riez et blasphémez dans vos heures oisives
Moi, je ferai passer vos bouches convulsives
Du rire au grincement de dents ! »

Hugo, *Ballades*, 8.

16 « Je sens en moi l'âme enfantine
D'Homère, vieux musicien
Je vis aux champs, j'aime, je rêve,
Je suis bucolique et berger ».

V. Hugo, *Chansons des rues et des bois*.

17 « Mais qui donc peut longtemps tenir ses amours secrètes ? Hélas ! amour ne se peut celer ! »

Tristan et Iseult VII, traduction Joseph Bédier.

18 **Le loup et l'agneau**
« Qui te rend si hardi de troubler mon breuvage ?
Dit cet animal plein de rage :
Tu seras châtié de ta témérité. »

La Fontaine, *Fables*, I, 10.

19 « Je m'aperçus bientôt que tous ces auteurs étaient entre eux en contradiction perpétuelle, et je formai le chimérique projet de les accorder. »

J.-J. Rousseau, *Les Confessions*, VI.

20 « Que vous avez peu de civilité, de ne pas saluer les gens quand vous les approchez ! »

Molière, *George Dandin*, I, 4.

21 **Livie à Auguste pour le convaincre de pardonner à Cinna :**
« Et qu'enfin la clémence est la plus belle marque
Qui fasse à l'univers connaître un vrai monarque. »

Corneille, *Cinna*, IV, 3.

22 **Don Diègue à Rodrigue à qui il va demander de le venger :**
« Rodrigue, as-tu du cœur ?
— Tout autre que mon père l'éprouverait sur l'heure... »

Corneille, *Le Cid*, I, 5.

23 « Le cœur a ses raisons que la raison ne connaît point. »

Pascal, *Pensées*, IV, 161.

24 **Alceste qui a perdu son procès, annonce à Philinte sa décision de se retirer du monde :**
« Trop de perversité règne au siècle où nous sommes,
Et je veux me tirer du commerce des hommes. »

Molière, *Le Misanthrope*, V, 1.

25 « Les hirondelles sur le toit
Tiennent des conciliabules :
Voici l'hiver, voici le froid... ».

Théophile Gautier, *Émaux et camées*, « Ce que disent les hirondelles ».

26 « Non, non : la constance n'est bonne que pour les ridicules ; toutes les belles ont droit de nous charmer, et l'avantage d'être rencontrée la première ne doit point dérober aux autres les justes prétentions qu'elles ont toutes sur nos cœurs. »

Molière, *Dom Juan*, I, 2.

27 « ...Mon esprit rebuté de tant d'indignes traitements qu'on a faits à la majesté et à la vertu ne se résoudrait jamais à se jeter parmi tant d'horreurs si la constance admirable avec laquelle cette princesse a soutenu ces calamités ne surpassait de bien loin les crimes qui les ont causées. »

Bossuet, *Oraison funèbre d'Henriette de France*.

28 « Tout enfin ce que je voyais devenait pour mon cœur un objet de convoitise uniquement parce que j'étais privé de tout. »

J.-J. Rousseau, *Confessions*, I.

29 **Discours du Lion :**
« Que le plus coupable de nous
Se sacrifie aux traits du céleste courroux ;
Peut-être il obtiendra la guérison commune. »

La Fontaine, *Les Animaux malades de la peste* VII, 1.

30 « Tout est bien sortant de l'Auteur des choses, tout dégénère entre les mains de l'homme. »

J.-J. Rousseau, *Emile*, I.

31 **Villon parlant des membres de sa famille :**
« Des miens, le moindre, je dis voir (vrai)
De me désavouer s'avance,
Oubliant naturel devoir
Par faute d'un peu de chevance*. »

Villon, *Le Testament*, XXII.

* fortune.

32 « J'entre en une humeur noire, en un chagrin profond,
Quand je vois vivre entre eux les hommes comme ils font ;
Je ne trouve partout que lâche flatterie,
Qu'injustice, intérêt, trahison, fourberie ;
Je n'y puis plus tenir, j'enrage, et mon dessein
Est de rompre en visière à tout le genre humain. »

Molière, *Le Misanthrope*, I, 1

33 **Rousseau évoquant la disparition de la vertu, force de la Rome primitive :**
« Mais les sciences, les arts et la dialectique prévalurent encore : Rome se remplit de philosophes et d'orateurs ; on négligea la discipline militaire, on méprisa l'agriculture, on embrassa des sectes, et l'on oublia la patrie. »

J.-J. Rousseau, *Discours sur les sciences et les arts.*

34 **Discours du chef de l'armée d'Albe pour éviter la guerre entre Albe et Rome :**
« Et noyons dans l'oubli ces petits différends
Qui de si bons guerriers font de mauvais parents. »

Corneille, *Horace*, I, 3

35 **Madame Jourdain à Dorimène à qui Monsieur Jourdain offre un repas :**
« Et vous, Madame, pour une grand'dame, cela n'est ni beau ni honnête à vous, de mettre de la dissension dans un ménage et de souffrir que mon mari soit amoureux de vous. »

Molière, *Le Bourgeois gentilhomme*, IV, 2.

36 **Bougainville évoquant Tahiti :**
« Je me croyais transporté dans le jardin d'Éden : nous parcourions une plaine de gazon, couverte de beaux arbres fruitiers et occupée de petites rivières qui entretiennent une fraîcheur délicieuse... ».

Bougainville, *Voyage autour du monde,* chapitre IX.

37 « Un musicien a écrit l'*Invitation à la valse* ; quel est celui qui composera l'*Invitation au voyage* qu'on puisse offrir à la femme aimée, à la sœur d'élection ? »

Baudelaire, *Petits poèmes en prose.*

38 « Le principe de toute souveraineté réside essentiellement dans la nation Nul corps, nul individu ne peut exercer d'autorité qui n'en émane expressément. »

Déclaration des Droits de l'homme et du citoyen, article 3.

39 **Le Comte à Don Diègue :**
« Enfin vous l'emportez et la faveur du Roi
Vous élève en un rang qui n'était dû qu'à moi ·
Il vous fait gouverneur du prince de Castille. »

Corneille, *Le Cid* I 3.

40 « Mais je hais les pleurards, les rêveurs à nacelles.
Les amants de la nuit, des lacs, des cascatelles,
Cette engeance sans nom, qui ne peut faire un pas
Sans s'inonder de pleurs, de vers et d'agendas. »

A. de Musset, *La coupe et les lèvres.*

41 « Les sots lisent un livre, et ne l'entendent point ; les esprits médiocres croient l'entendre parfaitement ; les grands esprits ne l'entendent quelquefois pas tout entier »

La Bruyère, *Les Caractères,* I, 35.

42 « Notre propre intérêt est encore un merveilleux instrument pour nous crever les yeux agréablement. Il n'est pas permis au plus équitable des hommes d'être juge en sa cause... »

Pascal, *Pensées,* II, 82.

43 **Arcas, serviteur d'Agamemnon s'étonnant de le voir paraître à l'aube :**
« Les vents nous auraient-ils exaucés cette nuit ? »

Racine, *Iphigénie,* I, 1.

44 **Chimène à Don Sanche qui vient de se battre en duel avec Rodrigue :**
« Tu me parles encore,
Exécrable assassin d'un héros que j'adore ? »

Corneille, *Le Cid,* V, 5.

45 **Le renard qui laisse le bouc dans le puits, après avoir utilisé les cornes de celui-ci pour se tirer d'affaire :**
« Le renard sort du puits, laisse son compagnon,
Et vous lui fait un beau sermon
Pour l'exhorter à patience. »

La Fontaine, *Fables,* III, 5, « Le renard et le bouc ».

46 « Les mérites de Louis XVI ne rachetèrent pas les fautes que ses aïeux lui avaient laissées à expier. »

Chateaubriand, *Mémoires d'Outre-Tombe,* VI.

47 **Oenone parlant de Phèdre à Hippolyte :**
« La Reine touche presque à son terme fatal
En vain à l'observer jour et nuit je m'attache :
Elle meurt dans mes bras d'un mal qu'elle me cache. »

Racine, *Phèdre,* I, 2.

48 « Nathanaël, je t'enseignerai la ferveur. »

André Gide, *Les Nourritures terrestres.*

49 Polyeucte hésitant à sacrifier sa femme et sa vie à sa foi :

« Allez, honneurs, plaisirs qui me livrez la guerre :
Toute votre félicité
Sujette à l'instabilité
En moins de rien tombe par terre,
Et comme elle a l'éclat du verre,
Elle en a la fragilité. »

Corneille, *Polyeucte*, IV, 2

50 Madame de Rénal vient d'apprendre que Julien va être le précepteur de ses enfants :

« Bientôt elle se mit à rire avec toute la gaieté folle d'une jeune fille, elle se moquait d'elle-même et ne pouvait se figurer tout son bonheur. Quoi c'était là ce précepteur qu'elle s'était figuré comme un prêtre sale et mal vêtu, qui viendrait gronder et fouetter ses enfants ! »

Stendhal, *Le Rouge et le Noir*, I, 6.

51 « Il y aura toujours des barbares et des fourbes qui fomenteront l'intolérance. »

Voltaire, *Dictionnaire philosophique*, article « Tolérance ».

52 Du Bellay exilé à Rome :

« Maintenant la Fortune est maîtresse de moi
Et mon cœur qui soulait être maître de soi
Est serf de mille maux et regrets qui m'ennuient... »

Du Bellay, *Les Regrets*, (Las ! Où est maintenant ce mépris de Fortune)

53 « Un loup n'avait que les os et la peau
Tant les chiens faisaient bonne garde.
Ce loup rencontre un dogue aussi puissant que beau
Gras, poli, qui s'était fourvoyé par mégarde. »

La Fontaine, *Fables*, I, 5, Le loup et le chien

54 Oenone à Phèdre qui évoque sa mort prochaine :

« Quoi ! vous ne perdrez point cette cruelle envie ?
Vous verrai-je toujours, renonçant à la vie,
Faire de votre mort les funestes apprêts ? »

Racine, *Phèdre*, I, 3

55 Elmire à Tartuffe qui vient de lui révéler son amour :

« Je vous écoute dire, et votre rhétorique
En termes assez forts à mon âme s'explique.
N'appréhendez-vous point que je ne sois d'humeur
A dire à mon mari cette galante ardeur... ! »

Molière *Tartuffe*, III, 3

56 **Orgon exposant à Marianne les charmes d'une union avec Tartuffe :**
« Cet hymen de tous biens comblera vos désirs,
Il sera tout confit en douceurs et plaisirs.
Ensemble vous vivrez, dans vos ardeurs fidèles,
Commıe deux vrais enfants, comme deux tourterelles... »

Molière, *Tartuffe*, II, 2.

57 **Néron se confiant à Narcisse :**
« Narcisse, c'en est fait, Néron est amoureux.
— Vous ?
— Depuis un moment, mais pour toute ma vie.
J'aime (que dis-je aimer ?), j'idolâtre Junie. »

Racine, *Britannicus*, II, 2.

58 **Camille crie sa colère et sa souffrance après la mort de Curiace :**
« Rome, l'unique objet de mon ressentiment !
Rome, à qui vient ton bras d'immoler mon amant !
Rome qui t'a vu naître et que ton cœur adore !
Rome enfin que je hais parce qu'elle t'honore ! »

Corneille, *Horace*, IV, 6.

59 **Molière présentant l'accueil que les dévôts font à sa comédie :**
« ...le Tartuffe, dans leur bouche, est une pièce qui offense la piété. Elle est d'un bout à l'autre, pleine d'abominations, et l'on n'y trouve rien qui ne mérite le feu. Toutes les syllabes en sont impies, les gestes même y sont criminels... »

Molière, *Préface du Tartuffe*.

60 **Elmire à Orgon**
« L'erreur trop longtemps dure,
Et c'est trop condamner ma bouche d'imposture
Il faut que par plaisir et sans aller plus loin
De tout ce qu'on vous dit, je vous fasse témoin. »

Molière, *Tartuffe*, IV, 3.

61 **Don Juan à son valet Sganarelle après sa « conversion » :**
« Tous les autres vices des hommes sont exposés à la censure, et chacun a la liberté de les attaquer hautement ; mais l'hypocrisie est un vice privilégié qui de sa main ferme la bouche à tout le monde et jouit en repos d'une impunité souveraine. »

Molière, *Dom Juan*, V, 2.

62 « Je sens bien que je n'arriverai pas à me prouver logiquement l'inanité de mes convictions passées. »

R. Martin du Gard, *Jean Barois*, p. 527.

63 Don Diègue après le soufflet que lui a donné le Comte :

« O rage ! ô désespoir ! ô vieillesse ennemie !
N'ai-je donc tant vécu que pour cette infamie ?
Et ne suis-je blanchi dans les travaux guerriers
Que pour voir, en un jour flétrir tant de lauriers ? »

Corneille, *Le Cid*, I, 4

64 Britannicus parlant de Junie

« Pour moi, quelque péril qui me puisse accabler
Sa seule inimitié peut me faire trembler. »

Racine, *Britannicus*, III, 7

65 Tartuffe qui vient d'être surpris faisant la cour à Elmire, s'accuse à Orgon :

« Oui, mon frère, je suis un méchant, un coupable,
Un malheureux pécheur tout plein d'iniquité,
Le plus grand scélérat qui jamais ait été... »

Molière, *Tartuffe*, III, 6.

66 Ruy Blas ironisant :

« Bon appétit, messieurs ! Ô ministres intègres
Conseillers vertueux ! Voilà votre façon
De servir, serviteurs qui pillez la maison. »

Hugo, *Ruy Blas*, III, 2.

67 Oenone à Phèdre :

« Mortelle vous subissez le sort d'une mortelle.
Vous vous plaignez d'un joug imposé dès longtemps. »

Racine, *Phèdre*, IV, 6.

68 Montaigne exposant ses principes d'éducation :

« Ainsi, toutes les pièces empruntées d'autrui, il les transformera et confondra pour en faire un ouvrage tout sien, à savoir son jugement. »

Montaigne, *Les Essais*, I, XXVI.

69 Orgon à sa fille Marianne :

« J'avais donné pour vous ma parole à Valère
Mais outre qu'à jouer on dit qu'il est enclin
Je le soupçonne encor d'être un peu libertin ;
Je ne remarque point qu'il hante les églises. »

Molière, *Tartuffe*, II, 2.

70 **Le Comte à Rodrigue qui vient le provoquer en duel :**
« Je sais ta passion et suis ravi de voir
Que tous ses mouvements cèdent à ton devoir ;
Qu'ils n'ont point affaibli cette ardeur magnanime ;
Que ta haute vertu répond à mon estime
Et que voulant pour gendre un cavalier parfait,
Je ne me trompais point au choix que j'avais fait... »

Corneille, *Le Cid*, II, 2.

71 **Orgon prenant le parti de Tartuffe contre son fils :**
« Je te prive, pendard, de ma succession
Je te donne, de plus, ma malédiction. »

Molière, *Tartuffe*, III, 6.

72 « Le moi que j'étais alors, et qui avait disparu si longtemps était de nouveau si près de moi... »

Marcel Proust, *A la Recherche du temps perdu*, IX.

73 « Booz ne savait pas qu'une femme était là
Et Ruth ne savait point ce que Dieu voulait d'elle
. . . .
L'ombre était nuptiale, auguste et solennelle... »

Hugo, *La légende des siècles*, « Booz endormi ».

74 « Tout ce que je fis durant mon séjour ne fut en effet que l'occupation délicieuse d'un homme qui s'est dévoué à l'oisiveté. »

J.-J. Rousseau, *Rêveries du promeneur solitaire*, V.

75 « L'on voit certains animaux farouches, des mâles et des femelles répandus dans la campagne, noirs, livides et tout brûlés du soleil, attachés à la terre qu'ils fouillent et qu'ils remuent avec une opiniâtreté invincible : ils ont comme une voix articulée et, quand ils se lèvent sur leurs pieds, ils montrent une face humaine ; et en effet ils sont des hommes. »

La Bruyère, *Les Caractères*, XI, « De l'homme. »

76 **Dorine parlant à Cléante de l'attachement d'Orgon pour Tartuffe :**
« Enfin il en est fou ; c'est sur tout son héros ;
Il l'admire à tous coups, le cite à tout propos ;
Ses moindres actions lui semblent des miracles,
Et tous les mots qu'il dit sont pour lui des oracles. »

Molière, *Tartuffe*, I, 2.

77 **Chimène à Rodrigue :**
« Quoi, n'es-tu généreux que pour me faire outrage ? »

Corneille, *Le Cid*, V, 1.

78 **Pyrrhus à Hermione à qui il annonce qu'il épouse Andromaque.**

« Donnez-moi tous les noms destinés au parjure
Je crains votre silence et non pas vos injures. »

Racine, *Andromaque*, IV, 5.

79 **Hermione à Pyrrhus qui n'écoute pas ses prières :**

« Vous ne répondez point ? Perfide, je le vois
Tu comptes les moments que tu perds avec moi.
Ton cœur impatient de revoir ta Troyenne,
Ne souffre qu'à regret qu'une autre t'entretienne. »

Racine, *Andromaque*, IV, 5.

80 **Du Bellay se plaint que son inspiration se soit tarie :**

« De la postérité, je n'ai plus de souci
Cette divine ardeur, je ne l'ai plus aussi
Et les Muses, de moi, comme étranges s'enfuient. »

Du Bellay, *Les Regrets*, « Las ! Où est maintenant ce mépris de Fortune. »

81 « Tout homme étant présumé innocent jusqu'à ce qu'il ait été déclaré coupable, s'il est jugé indispensable de l'arrêter, toute rigueur qui ne serait pas nécessaire pour s'assurer de sa personne doit être sévèrement réprimée par la loi. »

Déclaration des Droits de l'homme et du citoyen, article 9.

82 « Celui qui dit incessamment qu'il a de l'honneur et de la probité, qu'il ne nuit à personne, qu'il consent que le mal qu'il fait aux autres lui arrive et qui jure pour le faire croire, ne sait pas même contrefaire l'homme de bien. »

La Bruyère, *Les Caractères*, V, « De la société et de la conversation. »

83 « Rome, l'unique objet de mon ressentiment...

. . . .

Rome qui t'a vu naître, et que ton cœur adore !
Rome enfin que je hais parce qu'elle t'honore ! »

Corneille, *Horace*, IV, 6.

84 « Le salut du peuple est la suprême loi ».

Montesquieu, *L'Esprit des lois*, XXVI, 23

85 « On ne reçoit pas la sagesse, il faut la découvrir soi-même après un trajet que personne ne peut faire pour nous. »

Proust, *A la recherche du temps perdu*

86 **Sganarelle à Gusman**
« Tu vois en Don Juan, mon maître, le plus grand scélérat que la terre ait jamais porté. »

Molière, *Dom Juan*, I, 1.

87 **Pauline révélant à Sévère qu'elle l'aime encore :**
« Ma raison, il est vrai, dompte mes sentiments
Mais quelque autorité que sur eux elle ait prise
Elle n'y règne pas, elle les tyrannise,
Et quoique le dehors soit sans émotion
Le dedans n'est que trouble et que sédition. »

Corneille, *Polyeucte*, II, 2.

88 « Pendant que des mortels la multitude vile
Sous le fouet du plaisir, ce bourreau sans merci
Va cueillir des remords dans la fête servile
Ma Douleur, donne-moi la main, viens par ici,
Loin d'eux... »

Baudelaire, *Les Fleurs du Mal,* « Recueillement »

89 « Depuis ce matin, j'ai le spleen, et un tel spleen que tout ce que je vois, depuis qu'on m'a laissé seul m'est en dégoût profond. J'ai le soleil en haine et la pluie en horreur. »

A. de Vigny, *Stello*, II

90 **Rodrigue fait le récit du combat contre les Mores :**
« J'en cache les deux tiers aussitôt qu'arrivés,
Dans le fond des vaisseaux qui lors furent trouvés.
Le reste, dont le nombre augmentait d'heure en heure
Brûlant d'impatience autour de moi demeure,
Se couche contre terre et sans faire aucun bruit,
Passe une bonne part d'une si belle nuit.
Par mon commandement la garde en fait de même,
Et se tenant cachée aide à mon stratagème. »

Corneille, *Le Cid*, IV, 3.

91 « Le flux et le reflux de cette eau, son bruit continu, mais renflé par intervalles, frappant sans relâche mon oreille et mes yeux, suppléaient aux mouvements internes que la rêverie éteignait en moi. »

J.-J. Rousseau, *Rêveries du promeneur solitaire,* V.

92 « Sois sage, ô ma Douleur et tiens-toi plus tranquille.
. . . .
. . . . Vois se pencher les défuntes Années
Sur les balcons du ciel en robes surannées... »

Baudelaire, *Les Fleurs du Mal*, « Recueillement ».

93 **Rodrigue défiant le Comte en duel :**
« J'attaque en téméraire un bras toujours vainqueur.
Mais j'aurai trop de force, ayant assez de cœur.
A qui venge son père il n'est rien impossible. »

Corneille, *Le Cid*, II, 2.

94 « Allons enfants de la patrie,
Le jour de gloire est arrivé,
Contre nous de la tyrannie
L'étendard sanglant est levé. »

La Marseillaise

95 « Puissances de la terre, aimez les talents, et protégez ceux qui les cultivent. Peuples policés, cultivez-les : heureux esclaves, vous leur devez ce goût délicat et fin dont vous vous piquez, cette douceur de caractère et cette urbanité de mœurs qui rendent parmi vous le commerce si liant et si facile... »

Rousseau, *Discours sur les sciences et les arts.*

96 « Dans le cours d'une vie inégale et mémorable par ses vicissitudes, souvent sans asile et sans pain, j'ai toujours vu du même œil l'opulence et la misère. »

Rousseau, *Les Confessions*, III.

97 **Cléante fait à Orgon le portrait des faux dévôts :**
« Ces gens . . . .
Qui savent ajuster leur zèle avec leurs vices
Sont prompts, vindicatifs, sans foi, pleins d'artifices
Et pour perdre quelqu'un couvrent insolemment
De l'intérêt du Ciel leur fier ressentiment... »

Molière, *Tartuffe*, I, 5

98 « Alors, l'esprit perdu dans cette immensité, je ne pensais pas, je ne raisonnais pas, je ne philosophais pas : je me sentais, avec une sorte de volupté, accablé du poids de cet univers. »

J.-J. Rousseau, *Troisième lettre à M. de Malesherbes.*

2. Le français classique

1 **abhorrer** : avoir en horreur, exécrer, haïr. Par ce mot, Marianne exprime la profonde répulsion que lui inspire celui qu'on veut lui donner pour mari.

2 **absoudre** (langue religieuse) : donner le sacrement de pénitence, autrement dit l'absolution, c'est-à-dire pardonner les péchés ou les fautes. Villon demande à ses frères de prier Dieu de pardonner à tous, vivants et morts.

3 **acariâtre** : (ne se dit plus qu'en parlant des femmes), d'humeur grincheuse, pleine d'aigreur. C'est ce qu'est devenue Cunégonde à la fin du conte. Elle était pourtant la femme la plus aimable du monde lorsque Candide était « optimiste ».

4 **l'adversité** : sort contraire, infortune. Autrefois le poète était capable de faire face aux coups du sort, contraires à ses espérances.

5 **les affinités** (s.p.) : en chimie, propriété de deux corps de s'unir entre eux par leurs particules semblables. (s.f.) : conformité de caractère, de goûts, de sentiments qui fait que deux êtres sont attirés l'un vers l'autre. Dans le titre de son roman, Goethe ajoute, à cette attirance, l'idée de choix.

6 **agreste** : vieilli ou littéraire : champêtre, rustique. Lamennais indique par ce terme qu'il s'agit d'une campagne à l'état naturel, non travaillé par l'homme.

7 **altier** : vieilli au sens de haut, élevé (« la montagne altière »). A partir du 17e siècle : orgueilleux à cause de son appartenance à la noblesse, fier, hautain. Don Diègue est trop orgueilleux pour que le choix du roi n'entraîne pas un affrontement.

8 **l'âme** : dans le christianisme, principe spirituel immortel qui se sépare du corps à la mort et qui est jugé par Dieu (« sauver son âme »). Plus largement : principe de vie qui anime l'être vivant. Courant : part de la pensée, de la sensibilité et de la conscience morale dans l'être humain. Les poètes romantiques ont tendance à personnifier la nature, à lui prêter une sensibilité, d'où l'interrogation de Lamartine.

9 **l'animosité** : malveillance, désir de nuire à quelqu'un. Rousseau s'est senti constamment en proie à la méchanceté et même à la haine de certains de ses contemporains, notamment des écrivains.

10 **arbitraire** : qui dépend de la seule volonté ou du seul caprice d'une personne ou du seul pouvoir d'une institution, en-dehors des lois. La prise de la Bastille symbolise la révolte contre les emprisonnements sans jugement, d'où l'article 7 de la Déclaration des Droits de l'Homme, qui garantit le respect des lois

11 **l'ascendant** : dans le texte, influence dominante d'un astre au moment de la naissance. D'après Dorine, Tartuffe serait donc prédestiné à être « cocu ».

12 **assouvir** : satisfaire la faim, la soif et au sens figuré, un désir, une passion. Ce qu'apportent les vaisseaux est destiné à satisfaire les désirs de la femme aimée

13 **une aversion** : violente antipathie Oenone fait allusion à la haine dont Phèdre a poursuivi Hippolyte pour dissimuler son amour.

14 **la bienséance** : ce qui convient bien, notamment en ce qui concerne le respect des règles de la politesse dans la vie en société. La bienséance est une des préoccupations de l'« honnête homme » du 17e siècle, tel Philinte, qui pense que cela ne se fait pas de dire aux gens leurs quatre vérités.

15 **blasphémer** : dans la langue religieuse : prononcer des paroles sacrilèges qui outragent ce qui est sacré.

16 **bucolique** : par allusion à un type de poésie de l'Antiquité mettant en scène des bergers (cf. *Les Bucoliques* de Virgile) : relatif à la vie pastorale et plus largement à la campagne. Être bucolique, c'est aimer se trouver dans la campagne.

17 **celer** : vieilli ou littéraire : cacher, garder secret. L'amour ne peut se garder secret.

18 **châtier** : punir sévèrement.

19 **chimérique** : illusoire, sans fondement ; la Chimère est un monstre fabuleux, moitié lion, moitié chèvre ; par extension, on dit d'une idée fausse qu'elle est une chimère.

20 **civilité** : manière d'être courtoise et polie en société ; au pluriel, « faire des civilités » signifie dire des politesses, faire des compliments.

21 **la clémence** : vertu d'une personne capable de pardonner au lieu de punir. Livie demande à Auguste de pardonner à Cinna qui a comploté contre lui.

22 **le cœur** (sens 1) : dans la langue littéraire, ce terme désigne le caractère, le courage, la force d'âme attachée à la condition de noble. C'est à ces qualités que Don Diègue fait allusion dans son interrogation.

23 **le cœur** (sens 2) : au sens figuré : siège de l'affectivité, c'est-à-dire des sentiments et des qualités morales. Pascal oppose les motivations inspirées par les sentiments aux motifs venant de la raison.

24 **le commerce** : vieilli : les relations sociales. Alceste exprime sa détermination de se retirer de la société.

25 **un conciliabule** : conversation à voix basse pour se confier des secrets. T. Gautier fait un charmant emploi figuré du mot.

26 **la constance** (sens 1) : littéraire : persévérance, fidélité, notamment en amour. Don Juan fait profession de libertinage et ironise sur la fidélité.

27 **la constance** (sens 2) : vieilli : force morale, fermeté, courage. Bossuet met en valeur la force d'âme d'Henriette de France face aux malheurs qu'elle a connus.

28 **la convoitise** : envie très violente de posséder ce qui est hors de portée. C'est le sens de la phrase de Rousseau (le terme religieux pour désigner le désir de jouir de plaisirs charnels défendus est « concupiscence »).

29 **le courroux** : littéraire : violente colère, fureur. S'emploie en particulier pour la colère divine.

30 **dégénérer** : littéraire : perdre les qualités de sa race. Par extension : perdre ses qualités, se dégrader. L'affirmation de Rousseau rejoint sa théorie selon laquelle l'état originel est bon et que tout est corrompu par la civilisation.

31 **désavouer** : ne pas vouloir reconnaître pour sien. Dans le texte, les parents de Villon ne veulent plus le reconnaître comme membre de la famille. Autre sens : rejeter ce que l'on a d'abord approuvé : "désavouer une opinion, une conduite."

32 **un dessein** : intention, projet (parfois avec l'idée d'un calcul). Ici, Alceste exprime son intention bien arrêtée de se battre contre tout le monde.

33 **la dialectique** : art de convaincre dans une discussion. J.-J. Rousseau fait allusion à l'art des orateurs de l'Antiquité qu'il accuse d'avoir corrompu la vertu primitive. Au sens moderne : d'après Hegel, marche de la pensée qui progresse en examinant une idée, puis l'idée opposée (thèse, antithèse) pour arriver à une synthèse.

34 **un différend** : désaccord, résultat d'une opposition d'opinion ou d'intérêt. Le chef de l'armée d'Albe demande que les deux peuples oublient leurs désaccords afin d'éviter la guerre.

35 **une dissension** . vif désaccord, discorde (souvent employé au pluriel). Ici Madame Jourdain reproche à une coquette de provoquer la discorde entre les deux époux.

36 **l'éden (m)** : nom propre du paradis terrestre. Sens figuré : lieu qui apparaît comme un paradis. Ce mot traduit l'impression donnée à Bougainville et à ses compagnons par l'île de Tahiti.

37 **l'élection** : vieilli : choix. La sœur d'élection est la femme que l'on a choisie (expression plus courante : « le pays d'élection »).

38 **émaner** : provenir, sortir de (comme la lumière ou la chaleur proviennent d'un foyer). L'autorité doit provenir du peuple (c'est la démocratie).

39 **l'emporter** : (sur quelqu'un ou quelque chose), gagner, se révéler supérieur. Le Comte constate que Don Diègue a obtenu le poste de gouverneur que lui-même espérait, étant donné ses capacités.

40 **une engeance** : péjoratif : groupe de personnes que l'on méprise.

41 **entendre** : littéraire : saisir le sens, comprendre. Les sots ne comprennent pas ce qu'ils lisent.

42 **équitable** : juste, impartial. Même le plus impartial des juges ne peut juger une cause le concernant car il risque de servir inconsciemment son propre intérêt.

43 **exaucer** : accorder ce qui est demandé par une prière. Retenus sur la côte d'Aulide, les Grecs demandent aux Dieux de faire lever les vents.

44 **exécrable** : littéraire : qui inspire la haine la plus vive. Chimène, pensant que Don Sanche a tué Rodrigue, exprime sa haine envers l'assassin.

45 **exhorter** : inciter par la persuasion, encourager quelqu'un à accomplir une action. Le renard sorti du puits grâce à l'aide du bouc lui fait un beau discours pour l'encourager à prendre patience.

46 **expier** : payer un crime ou une faute par un châtiment, une peine ou une réparation.

47 **fatal** : littéraire : qui concerne la mort. Phèdre va mourir. Courant : marqué par le destin.

48 **ferveur** : ardeur, enthousiasme.

49 **félicité** : littéraire et religieux : bonheur total, paisible et généralement durable, sauf dans la bouche de Polyeucte qui oppose les plaisirs terrestres au bonheur de la vie éternelle.

50 **se figurer** : s'imaginer, se représenter par la pensée. Dans sa crainte, Madame de Rénal s'était représenté le futur précepteur de ses enfants comme un être sale et redoutable.

51 **fomenter** : susciter ou entretenir un sentiment ou une entreprise qui ne peut que nuire (par exemple un complot). Voltaire dénonce ceux qui créent ou entretiennent l'intolérance.

52 **la Fortune** : vieux ou littéraire : déesse de l'Antiquité représentée les yeux bandés et personnifiant le sort, le hasard. C'est à cette déesse que du Bellay fait allusion pour indiquer qu'il est victime d'un sort malheureux.

53 **se fourvoyer** : au sens étymologique : sortir du bon chemin, se perdre, s'égarer. Employé ici dans ce sens mais souvent utilisé au sens figuré ; par exemple, « se fourvoyer dans une entreprise ou une théorie ».

54 **funeste** : vieilli : qui concerne la mort (sens de la citation). Littéraire : qui cause la mort. Plus largement : catastrophique, désastreux, par exemple, « une erreur funeste entraînant une défaite militaire. »

55 **galant** : qui a un rapport avec l'amour. Elmire qualifie ici l'ardeur amoureuse de Tartuffe.

56 **hymen** : littéraire : mariage.

57 **idolâtrer** : adorer quelqu'un, en faire son dieu. Néron exprime par ce mot, la force de son amour pour Junie.

58 **Immoler** : langue littéraire et religieuse : faire périr une victime en sacrifice à un dieu. Sens figuré : faire périr une personne pour une cause. Horace a tué l'amant de Camille, son adversaire dans la guerre, par patriotisme.

59 **impie** : vieilli ou religieux : qui n'est pas croyant ou qui offense la religion. Les faux-dévots poursuivaient Molière en prétendant que sa pièce était sacrilège.

60 **imposture** : action de tromper par de fausses apparences, une simulation prolongée.

61 **l'impunité** : absence de punition, fait d'échapper à la punition. D'après Don Juan, les hypocrites ne sont jamais punis.

62 **l'inanité** : caractère de ce qui est vain, vide, sans valeur. Ses convictions passées lui paraissent aujourd'hui sans valeur, sans intérêt.

63 **une infamie** : littéraire : action qui déshonore. Don Diègue est déshonoré de n'avoir pu se battre en duel. C'est une honte qui tache son nom.

64 **inimitié** : sentiment durable d'hostilité, haine, aversion.

65 **l'iniquité** : langue religieuse : corruption morale, dépravation, état de péché. Tartuffe s'accuse de la plus grande corruption pour provoquer, par réaction, l'admiration d'Orgon.

66 **intègre** : parfaitement honnête, incorruptible. L'expression est ironique dans la bouche de Ruy Blas.

67 **joug** : à l'origine, ce avec quoi on lie les bœufs pour les atteler ; par suite, lien, contrainte matérielle ou morale.

68 **jugement** : faculté de l'esprit qui compare et qui juge.

69 **libertin** : vieux ou littéraire : esprit fort qui prend des libertés avec la religion. (Cf. Champs lexicaux, I 20, a).

70 **magnanime** : vieilli : qui a de la noblesse, du courage. Le Comte admire le courage de Rodrigue qui ose l'affronter et reconnaît sa noblesse. (Sens courant : enclin à pardonner).

71 **une malédiction** : sens religieux : appel à la colère de Dieu pour attirer le malheur sur quelqu'un. Au comble de la colère, Orgon chasse son fils et lui souhaite du mal.

72 **le moi** : ce qui constitue l'individualité, la personne.

73 **nuptial** : qui concerne le mariage.

74 **l'oisiveté** : état de désœuvrement où l'on n'a rien à faire.

75 **l'opiniâtreté** : persévérance, obstination, ténacité, acharnement. La Bruyère évoque les paysans d'Ancien Régime qui travaillent la terre avec acharnement pour arriver à se nourrir.

76 **un oracle** : dans l'Antiquité, réponse d'une divinité interrogée dans un sanctuaire. Littéraire : opinion considérée avec beaucoup de respect, en laquelle on a confiance (parfois ironique). C'est le cas dans le texte où Dorine se moque de la crédulité d'Orgon qui croit tout ce que dit Tartuffe.

77 **outrage** : injure, offense grave, spécialement à l'honneur de quelqu'un.

78 **un parjure** : une personne qui trahit son serment. Pyrrhus avait promis le mariage à Hermione et il l'abandonne pour Andromaque : il mérite d'être appelé « parjure ».

79 **perfide** : littéraire : qui manque à sa parole. Vieilli : scélérat, traître, en particulier en amour. Hermione traite Pyrrhus de traître parce qu'il aime Andromaque après s'être engagé avec elle, Hermione

80 **la postérité** : littéraire : descendance d'une personne ou générations futures Du Bellay espérait être célèbre après sa mort.

81 **présumé** : supposé, donné comme probable. Tout homme est supposé innocent jusqu'à ce qu'il ait été déclaré coupable.

82 **la probité** : qualité de celui qui observe rigoureusement les devoirs de la justice et de la morale sociale, honnêteté scrupuleuse. La Bruyère se méfie de ceux qui se proclament d'une honnêteté exemplaire.

83 **le ressentiment** : rancune, souvenir très vif des torts ou des injures, que l'on a subis et qui inspirent le désir de s'en venger. Camille hait Rome, cause de la mort de son amant.

84 **le salut** : le fait d'échapper à un grave danger ou à la mort et de retrouver un état heureux. Dans le christianisme : le fait d'échapper à la damnation éternelle

85 **la sagesse** : selon Montaigne, la sagesse consiste à « se connaître et à savoir bien mourir et bien vivre ». Pour les humanistes comme Montaigne, le but de la philosophie est la sagesse.

86 **un scélérat** : étymologiquement, homme qui a commis ou qui est capable de commettre des crimes.

87 **la sédition** : révolte contre l'autorité en place. Employé au sens figuré dans le texte pour opposer la victoire apparente de la raison dans le comportement de Pauline à la révolte intérieure de ses sentiments causée par son amour pour Sévère.

88 **servile** : qui a un caractère d'esclave, bas.

89 **le spleen** : (d'après l'étymologie : « humeur noire ») mélancolie sans cause, accompagnée du dégoût de la réalité. L'une des sources de l'inspiration de Baudelaire.

90 **un stratagème** : au sens étymologique : ruse de guerre. Employé en ce sens par Rodrigue. Sens courant : ruse très habile.

91 **suppléer** : remplacer ce qui a fait défaut, ou ajouter ce qui manque.

92 **suranné** : qui n'est plus en usage, démodé, appartenant à une époque révolue. Baudelaire évoque le passé par une personnification qui comprend l'évocation de robes démodées, vieillottes.

93 **téméraire** : hardi à l'excès jusqu'à l'imprudence. Rodrigue, jeune et sans expérience, s'expose à la mort en provoquant le Comte.

94 **la tyrannie** : pouvoir absolu et arbitraire, obtenu par la force et exercé par l'oppression. Les révolutionnaires s'élèvent contre le pouvoir absolu de la royauté d'Ancien Régime.

95 **l'urbanité** : au sens étymologique : de la ville. Politesse affable, civilité qu'on suppose être celle de l'homme de la ville par opposition aux manières rudes des campagnards. J.-J. Rousseau en fait une caractéristique des peuples civilisés.

96 **les vicissitudes** : littéraire, au pluriel : idée de changements dans le cours d'une vie, d'où suite d'événements heureux ou malheureux qui se succèdent au cours de l'existence. J.-J. Rousseau évoque par ce terme le cours changeant de sa vie.

97 **vindicatif** : porté à la vengeance. Cléante mentionne ce défaut dans son portrait des faux-dévots.

98 **volupté** : plaisir des sens ou de l'esprit.

La tyrannie.

5e SÉRIE : LES FAUX AMIS

1. Les paronymes

Distinguez ces mots que l'on confond parfois. (Corrigé p. 144).

1	**abjurer** **adjurer**	Il a ________ la religion catholique. Je t'________ de renoncer à ce projet.
2	**affectation** **affection**	Elle a pris la parole avec beaucoup d'________. Il éprouve une grande ________ pour ses enfants.
3	**allocation** **allocution** **élocution**	J'ai touché mes ________ familiales. L'________ du Président. Son ________ est saccadée.
4	**alternance** **alternative**	Il n'y a pas d'________. Ces deux pièces sont jouées en ________.
5	**biographie** **bibliographie**	Une ________ exhaustive sur la question. Une ________ très fidèle.
6	**censé** **sensé**	Voilà une parole très ________. Il n'est pas ________ nous accompagner.
7	**collision** **collusion**	On s'est aperçu qu'il y avait ________ entre la Mafia et la municipalité. Deux voitures sont entrées en ________.
8	**compétence** **connaissance**	La ________ du cœur humain. Cela n'entre pas dans mes ________.
9	**complexion** **complexité**	Avoir une ________ vigoureuse. Un problème d'une grande ________.
10	**conflagration** **déflagration**	Une ________ mondiale. Une ________ assourdissante.
11	**conjoncture** **conjecture**	La ________ est favorable. Il se perd en ________.

12	**décade** **décennie**	Pendant la dernière ________, le monde a connu deux crises pétrolières. Le mois grec était divisé en trois ________.
13	**démystifier** **démythifier**	Cette émission cherche à ________ le public trop crédule. Ce livre ________ le personnage de Napoléon.
14	**désintéressement** **désintérêt**	Son ________ pour ses enfants est scandaleux. Son ________ est admirable.
15	**éminent** **immanent** **imminent**	Un personnage ________. Un départ ________. Un dieu ________.
16	**estival** **festival**	Une température ________. Un ________ de musique ancienne.
17	**exaction** **extorsion**	Les ________ commises par les troupes d'occupation. L'________ d'une signature.
18	**exaucer** **exhausser**	Il faut ________ le podium. Son souhait est ________.
19	**expansion** **extension**	L'________ du réseau du téléphone. Un secteur en pleine ________.
20	**funèbre** **funeste**	Un destin ________. Une cérémonie ________.
21	**humaniste** **humanitaire**	Une culture ________. Une aide ________.
22	**importun** **opportun**	Attendre le moment ________. Un visiteur ________.
23	**inclination** **inclinaison**	Une ________ au bien. Une ________ dangereuse.
24	**intégral** **intègre**	Le texte ________ d'un roman. Un homme ________.
25	**méditation** **préméditation**	Agir avec ________. Se livrer à la ________.

5ᵉ SÉRIE : LES FAUX AMIS

26	**motif** **mobile**	Le ________ d'une absence. Le ________ d'un crime.
27	**ombragé** **ombrageux**	Une route ________. Un caractère ________.
28	**oppressé** **opprimé**	Un peuple ________. Une respiration ________.
29	**perpétrer** **perpétuer**	Il veut ________ la tradition. Il veut ________ un attentat.
30	**piété** **pitié**	C'est un homme d'une grande ________. Éprouver de la ________ pour quelqu'un.
31	**plaidoirie** **plaidoyer**	La ________ d'un grand avocat. Un ________ très touchant.
32	**pondéré** **pondéreux**	Une matière ________. Une attitude ________.
33	**prospective** **perspective**	Des ________ d'avenir. Faire de la ________.
34	**proscription** **prescription**	La ________ d'une ordonnance pharmaceutique. La ________ d'un dissident politique.
35	**psychique** **psychologique**	L'analyse ________ d'un personnage de roman. Une maladie ________.
36	**recouvrer** **recouvrir**	________ la santé. ________ une maison.
37	**réquisition** **réquisitoire**	Il faudra payer cette amende à la première ________. Le ________ du procureur fut très violent.
38	**romanesque** **romantique**	La poésie ________ Une aventure ________
39	**satire** **satyre**	Un dangereux ________. Une ________ des mœurs.
40	**sensation** **sentiment**	Une ________ de fraîcheur Un ________ de regret.

41	**sensualité** **sensibilité**	Une gourmandise qui révèle une grande ________. Une lettre pleine de ________.
42	**sujétion** **suggestion**	Vivre dans la ________. Une ________ intéressante.
43	**suggestif** **subjectif**	Les goûts sont ________. Un tableau très ________.
44	**urbanisme** **urbanité**	Un plan d'________. Être reçu avec ________.
45	**verbal** **verbeux**	Un accord ________. Des propos ________.

Pour qu'il recouvre la santé, il aurait d'abord fallu recouvrir le toit...

2. Les mots à plusieurs sens

Ces mots ont plusieurs sens qu'il convient de distinguer. Précisez le sens du mot souligné dans les expressions suivantes :

1 **Abuser** quelqu'un.
Abuser de ses forces.

2 **Être affecté** par un échec.
Affecter une totale indifférence.
Être affecté à un poste.

3 **Appréhender** un examen.
Appréhender un malfaiteur.
Appréhender un système philosophique (sens vieilli).

4 **Conférer** une distinction.
Conférer (ensemble) pour prendre une décision.

5 **Avoir du cœur** à l'ouvrage.
Avoir le cœur brisé.

6 Aimer avec **constance**.
Supporter des malheurs avec **constance**.

7 **Critiquer** un comportement.
Critiquer une œuvre qui vient de paraître.

8 **Défrayer** les conversations.
Défrayer une personne de son voyage.

9 **Édifier** une théorie.
Édifier les autres par sa conduite.

10 **L'emporter** sur un concurrent.
S'emporter sans raison.

11 Un jour **faste**.
Le faste d'une cérémonie.

12 Une politesse **formelle**.
Un ordre **formel**.

13 Avoir une **intelligence** exceptionnelle.
Être d'**intelligence** avec une autre personne.

14 **Un objectif** à atteindre.
Un rapport **objectif**.

15 **Les principes** d'une science.
Les principes moraux.

16 **Se référer** à un texte.
En référer à un supérieur.

17 **Une spéculation** en Bourse.
Une spéculation en philosophie.

18 Une remarque **spirituelle**.
La vie **spirituelle**.

19 Une coutume qui **subsiste** difficilement.
Une personne qui **subsiste** difficilement.

20 **La vertu** d'une plante.
La vertu d'une femme.

21 Un **vice** de fabrication.
Un **vice** moral.

1. Les paronymes

1 **abjurer** : abandonner solennellement une opinion, une religion.
adjurer : prier instamment, supplier.

2 **l'affectation** : manque de naturel, pose dans l'expression ou le comportement.
l'affection : attachement, amitié, tendresse.

3 **allocation** : somme d'argent allouée, c'est-à-dire attribuée à quelqu'un.
allocution : discours.
élocution : manière de s'exprimer oralement.

4 **l'alternance** : succession régulière de deux éléments, par exemple de deux pièces de théâtre ou de deux systèmes politiques.
une alternative : situation où l'on doit choisir entre deux solutions.

5 **une bibliographie** : liste des ouvrages écrits sur un sujet.
une biographie : le récit d'une vie.

6 **censé** (+ infinitif) : supposé, considéré comme devant faire quelque chose. Par exemple : "nous sommes supposés accompagner quelqu'un".
sensé : de bon sens.

7 **une collusion** : accord secret entre des personnes et préjudiciable à une personne ou à une institution.
collision : choc.

8 **une compétence** : aptitude, capacité, qualification.
connaissance : science, savoir.

9 **la complexion** : constitution physique.
la complexité : état d'une chose compliquée.

10 **une conflagration** : bouleversement très important dû à une guerre généralisée.
une déflagration : une explosion.

11 **conjoncture** : ensemble des facteurs qui définissent une situation.
conjecture : hypothèse, supposition.

12 **une décade** : période de dix jours.
une décennie : période de dix ans.

13 **démystifier** : détromper les victimes d'une mystification (une farce, un canular).
démythifier : enlever la qualité de mythe (ce mot et le mot précédent sont employés à tort l'un pour l'autre).

14 **désintéressement** : qualité d'un acte ou d'une personne qui ne cherche pas l'intérêt personnel, le profit.
désintérêt : indifférence, détachement, le fait de ne pas s'intéresser à quelque chose.

15 **éminent** : qui est au-dessus du niveau commun, supérieur.
immanent *(langue philosophique)* : qui est contenu dans le sujet même, dans sa nature. Par exemple : « un dieu immanent au monde ».
imminent : qui va se produire bientôt.

16 **estival** : qui a un rapport avec l'été.
festival : ensemble de spectacles donnés dans un lieu.

17 **une exaction** : action d'exiger ce qui n'est pas dû, un vol.
une extorsion : arracher quelque chose à quelqu'un contre son gré.

18 **exaucer** : satisfaire un souhait, une prière.
exhausser : surélever.

19 **expansion** : le fait de prendre plus de place (sens propre ou figuré).
extension : action d'étendre ou de s'étendre.

20 **funeste** : sens littéraire : qui cause la mort. Sens courant : qui peut entraîner des malheurs.
funèbre : qui se rapporte à la mort, qui évoque la mort, par exemple "les pompes funèbres".

21 **humaniste** : qualifie un mode de pensée ou une culture centré sur l'épanouissement de l'homme, sur les valeurs humaines.

humanitaire : qui a pour souci le bien des hommes, par exemple les organisations humanitaires intervenant en Afrique.

22 **importun** : qui dérange, qui ennuie.
opportun : qui convient, qui se produit au bon moment.

23 **une inclination** : penchant concernant la vie morale ou les sentiments.
inclinaison : état de ce qui est incliné, penché.

24 **intégral** : total, complet, sans aucun retrait.
intègre : d'une honnêteté scrupuleuse, absolue.

25 **la préméditation** : le fait de réfléchir avant de commettre un délit.
la méditation : réflexion solitaire et recueillie.

26 **un mobile** : ce qui pousse une personne à agir.
un motif : la cause, l'explication d'une action accomplie.

27 **ombragé** : qui est à l'ombre.
ombrageux : qui se met facilement en colère, susceptible, irritable.

28 **oppressé** : gêné dans ses fonctions respiratoires par une cause physique ou par l'angoisse.
opprimé : victime d'un pouvoir tyrannique.

29 **perpétrer** : accomplir une mauvaise action.
perpétuer : maintenir, faire durer.

30 **la piété** : sens religieux : dévotion, ferveur se manifestant à travers des pratiques religieuses. Sens littéraire : attachement, affection, respect, par exemple : « la piété filiale ».
la pitié : sympathie inspirée par une situation malheureuse.

31 **une plaidoirie** : défense d'un accusé par un avocat au cours d'un procès.
un plaidoyer : sens plus général : défense d'une personne ou d'une idée à l'aide d'une argumentation serrée.

32 **pondéré** : qui est mesuré dans ses jugements.
pondéreux : très lourd, par exemple : « Les matières pondéreuses sont acheminées par chemin de fer. »

33 **une perspective** : ce que l'on peut supposer, attendre de l'avenir, par exemple, la perspective des vacances. Sens spécialisé en art : représentation des objets dans l'espace.
la prospective : recherches concernant l'évolution d'une situation et permettant de faire des prévisions, notamment en économie et en sociologie.

34 **une prescription** : recommandation ou ordre formulé avec précision. Par exemple : « une prescription médicale ».
une proscription (s.p.) : mesure d'exil sur des motifs politiques. (s.f.) : interdiction, par exemple : la proscription de l'usage du tabac dans les lieux publics.

35 **psychique** : qui concerne les activités de l'esprit, le mental.
psychologique : qui concerne plus particulièrement les sentiments, l'état d'esprit d'une personne.

36 **recouvrer** : rentrer en possession, retrouver, par exemple la santé. Sens spécialisé : encaisser une somme d'argent.
recouvrir : protéger, mettre à l'abri cacher.

37 **réquisition** : ordre formel, ou encore livraison obligatoire de biens ou d'objets exigés pour le service public.
réquisitoire : discours d'un accusateur public ; au sens figuré : propos violents et accusateurs tenus contre quelqu'un.

38 **romanesque** : qui concerne le roman. Qualifie un état d'esprit qui se complaît dans l'univers traditionnel du roman, permettant de s'évader de la réalité. Qualifie des aventures ou des personnages tels qu'on en trouve dans le romans.
romantique : qui a les traits caractéristiques de la littérature romantique (champs lexicaux, 20, a).

39 **une satire** : écrit ou discours qui critique quelqu'un ou quelque chose par des moqueries cinglantes.

un satyre : homme obscène qui attaque les femmes (sens moderne).

40 **une sensation** : impression produite principalement par l'un des cinq sens, donc dépendant de la réalité et de la physiologie.
un sentiment : état de la vie affective (plus durable et plus complexe qu'une sensation).

41 **la sensibilité** : aptitude à ressentir des impressions physiques, par exemple une sensibilité au froid. Aptitude à éprouver des sentiments, des impressions affectives ou esthétiques.
la sensualité : sens courant : tendance du tempérament à apprécier les plaisirs donnés par les sens, notamment dans l'amour.

42 **la sujétion** : privation de liberté d'un État ou d'un peuple, le fait d'être sous la domination d'un pouvoir politique.
une suggestion : idée ou conseil que l'on propose en laissant l'interlocuteur libre de le rejeter.

43 **suggestif** : qui suggère des images ou des idées.
subjectif : propre à un individu, un sujet particulier, et non à tout le monde.

44 **l'urbanité** : politesse affable adaptée à la vie en société.
urbanisme : ce qui concerne l'habitat

45 **verbal** : qui se fait par la parole par opposition à l'écrit.
verbeux : péjoratif : qualifie un discours trop abondant et peu clair.

2. Les mots à plusieurs sens

1 **abuser**
1. Tromper quelqu'un.
2. User avec excès de ses forces.

2 **affecter**
1. Être touché, attristé par un échec.
2. Simuler l'indifférence, faire semblant d'être indifférent.
3. Être désigné pour occuper un poste.

3 **appréhender**
1. Craindre un examen.
2. Arrêter un malfaiteur.
3. Comprendre, saisir un système philosophique.

4 **conférer**
1. Donner solennellement la croix de la Légion d'honneur.
2. S'entretenir pour prendre une décision.

5 **cœur**
1. Avoir du courage pour travailler.
2. (Ici) Souffrir affectivement, moralement.

6 **constance** | 1. Aimer avec persévérance, avec fidélité.
2. Supporter les malheurs avec de la force d'âme.

7 **critiquer** | 1. Souligner un défaut, faire un reproche.
2. Juger d'une œuvre en bien ou en mal.

8 **défrayer** | 1. Alimenter les conversations, en être le sujet.
2. Rembourser ses frais (de voyage ou autres) à une personne.

9 **édifier** | 1. Construire une théorie.
2. Donner un bon exemple moral.

10 **emporter** | 1. Être plus fort qu'un concurrent, gagner contre lui (langue littéraire).
2. Se mettre en colère.

11 **faste** | 1. Un jour heureux, où le destin paraît favorable, où tout réussit.
2. Le luxe, la splendeur d'une cérémonie.

12 **formel** | 1. Une politesse extérieure qui respecte seulement les formes.
2. Un ordre clair, précis auquel on ne peut se soustraire.

13 **intelligence** | 1. Avoir des facultés intellectuelles exceptionnelles.
2. Agir secrètement en accord avec une autre personne.

14 **objectif** | 1. But précis d'une action.
2. Rapport impartial, dégagé de toute intervention subjective (goûts, intérêts, préjugés).

15 **principe** | 1. Les fondements, les propositions de base.
2. Les règles auxquelles on se conforme pour juger ou agir.

16 **référer** | 1. Consulter un texte pour y trouver des indications sur lesquelles on peut s'appuyer.
2. Soumettre un cas à un supérieur qui a autorité pour prendre une décision.

17 **spéculation** | 1. Une opération financière.
2. Une réflexion intellectuelle.

18 **spirituel** | 1. Se dit d'un jeu de mots brillant, fin et piquant.
2. Se dit de la vie de l'âme ou la vie morale.

19 **subsister** | 1. Durer, se perpétuer.
2. Arriver difficilement à vivre par manque de moyens.

20 **vertu** | 1. Les propriétés d'une plante qui la rendent efficace.
2. Les qualités morales d'une femme, notamment en ce qui concerne son comportement amoureux.

21 **vice** | grave défaut 1 : moral ; 2 : technique.

6e SÉRIE : JEUX

Chacune des lettres qui forment le message repris du titre, est l'initiale du mot horizontal (**H**) et vertical (**V**). Si vous ne le trouvez pas à l'aide des définitions, vous pouvez consulter l'index alphabétique.

1. Amusez-vous bien

a
H : affirmation qui n'est pas toujours crue.
V : façon de parler qui manifeste de la mauvaise humeur par des paroles aigres.

m
H : manière d'agir rusée et perfide, par allusion à un écrivain politique italien.
V : qui n'aime pas le genre humain.

u
H : façon de parler ou d'agir polie (appartenant à l'homme des villes).
V : le fait de se trouver dans deux endroits en même temps.

s
H : frapper de stupeur.
V : synonyme de pressentir, deviner, soupçonner.

e
H : qui s'intéresse à des sujets très divers.
V : accepter un acte ou une loi, rendre définitivement valide.

z
H : empressement à agir ou à servir quelqu'un.
V : discorde, désaccord.

v
H : qui a beaucoup de force et de violence pour produire un effet nocif.
V : qualifie un péché peu grave.

o
H : richesse, grande aisance.
V : interpénétration, influence réciproque, terme emprunté aux sciences naturelles.

u
H : prendre une place à laquelle on n'a pas droit.
V : conception, projet qui paraît irréalisable.

s
H : qui a perdu ses facultés à cause de son âge.
V : démodé, vieillot.

b
H : peu grave.
V : adverbe de manière.

i
H : qu'on a en soi, qu'on n'a pas besoin d'acquérir.
V : imprégné, pénétré de sentiments, d'idées.

e
H : pronom personnel.
V : participe passé.

n
H : participe passé.
V : négation.

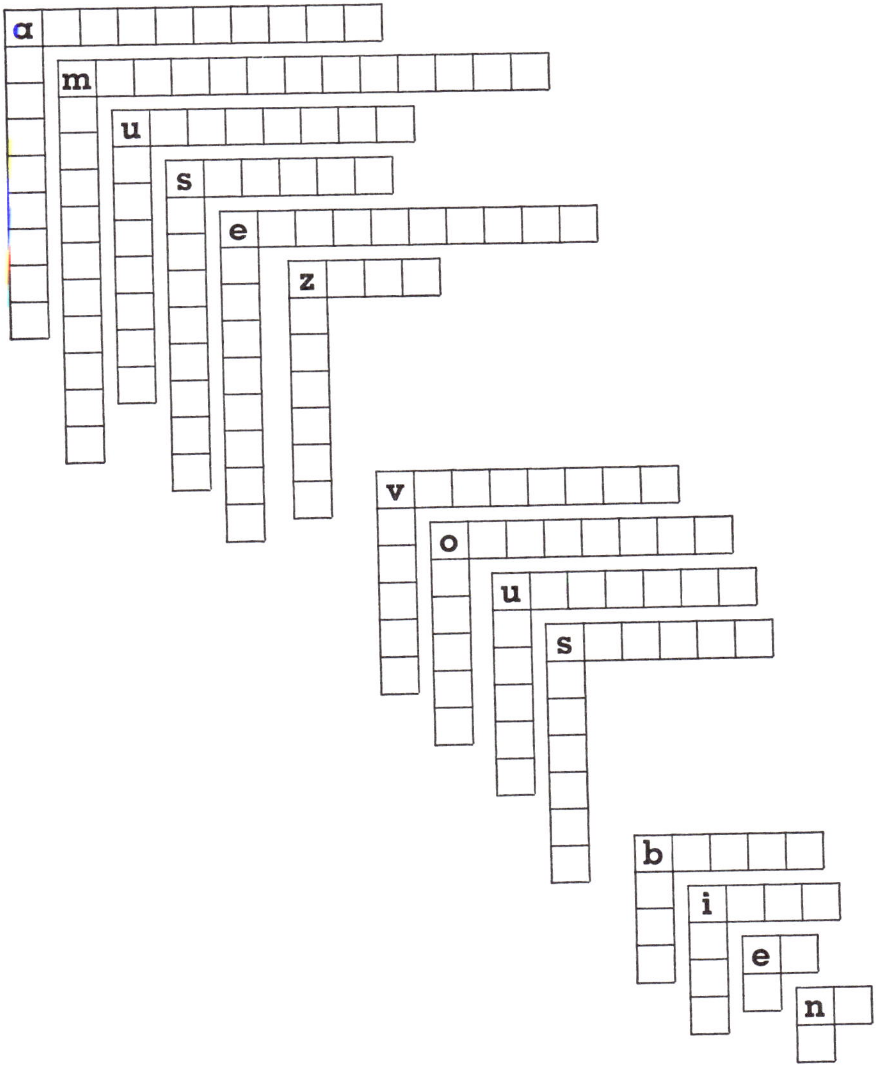
a
m
u
s
e
z
v
o
u
s
b
i
e
n

2. Vivement dimanche

v **H** : qui change brusquement d'humeur, de projet.
V : destruction stupide d'œuvres de valeur.

i **H** : sentiment hostile (langue littéraire).
V : qualifie une question qui cherche à faire tomber dans un piège.

v **H** : rapidité, par exemple à s'enfuir.
V : qui n'ose rien décider.

e **H** . ce qui pousse à égaler ou à dépasser quelqu'un, notamment dans le travail.
V : qui est tiré de l'expérience, de la simple observation des faits.

m **H** : chiffre indiquant la date de certains produits.
V : homme orgueilleux qui a toujours des projets grandioses.

e **H** : apparition d'un phénomène.
V : qui a un rapport avec la beauté.

n **H** : qui manque de clarté ; comme obscurci par un nuage.
V : qualifie un état d'esprit qui consiste à accorder une attention exclusive à soi-même.

t **H** : gigantesque (se dit par exemple pour une construction).
V : éviter de prendre position.

d **H** : écart, différence regrettable.
V : rendre public ce qui devait rester caché.

i **H** : synonyme d'inattention.
V : qualifie une habitude tellement enracinée qu'on ne peut s'en défaire.

m **H** : qui ne cesse de mentir, d'inventer des histoires.
V : très grand nombre.

a **H** : action de différer ce qu'on doit faire ou décider.
V : éloge ou défense d'une personne par un discours.

n **H** : le fait d'être connu (se dit surtout pour une personne).
V : personne qui vient de se convertir à une religion ou d'adhérer à une doctrine.

c **H** : qualifie un lieu ou un groupe dans lequel se trouvent des personnes de toutes nationalités.
V : très important, décisif (se dit d'un choix, d'une période de la vie).

h **H** : composé d'éléments de nature différente.
V : mariage (langue littéraire).

e **H** : qualifie une œuvre qui met en scène des événements historiques en mettant en valeur leur caractère grandiose.
V : écarter d'un poste ou d'une responsabilité.

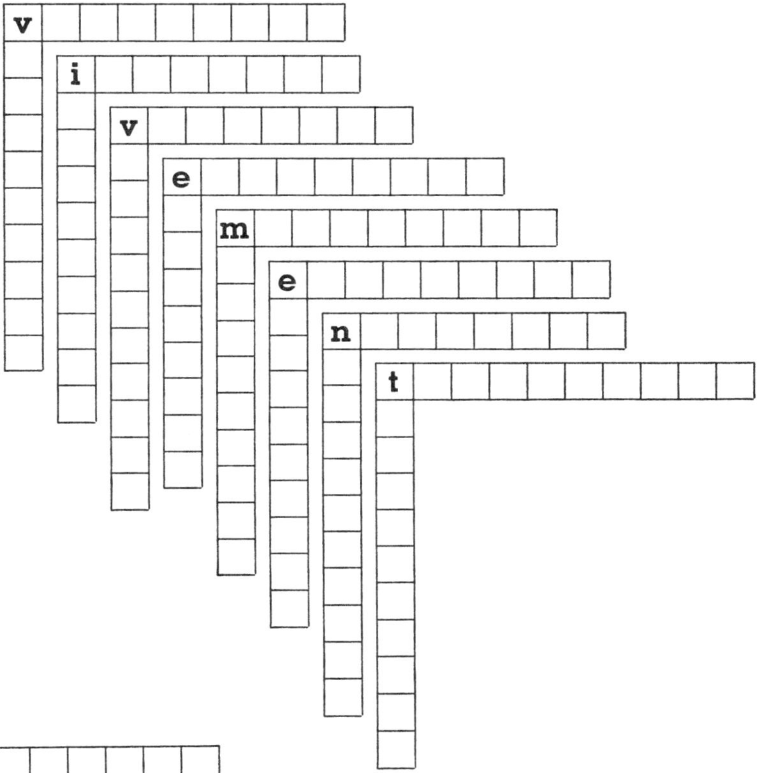
v
i
v
e
m
e
n
t

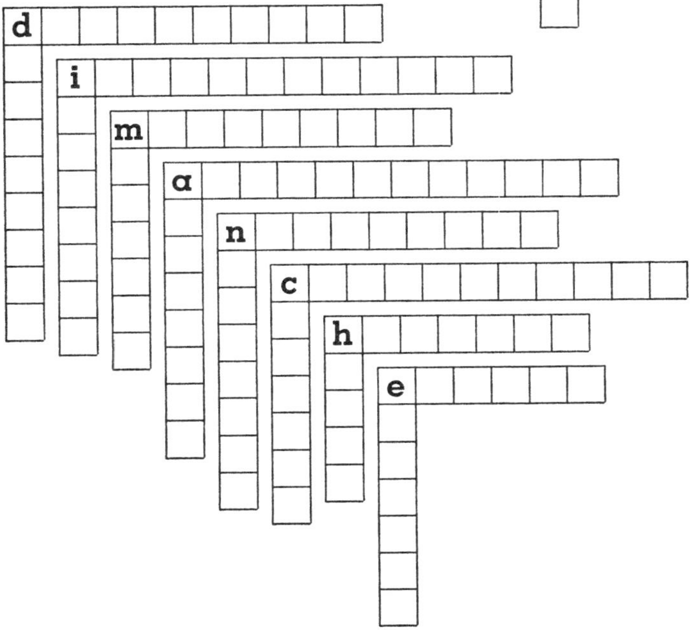
d
i
m
a
n
c
h
e

3. A bout de souffle

a
H : faire croire, présenter comme vrai (une nouvelle).
V : buter, se heurter à un obstacle (se dit par exemple pour des négociations).

b
H : qui aime la guerre, les querelles.
V : faim excessive.

o
H : tout puissant.
V : relatif au rêve.

u
H : s'emparer d'une place à laquelle on n'a pas droit.
V : tout dernier.

t
H : faire des concessions pour obtenir un accord.
V : audacieux à l'excès.

d
H : désaccord profond (langage soutenu).
V : qui entraîne de grandes dépenses, coûteux.

e
H : réflexions laborieuses qui n'ont pas beaucoup de sens.
V : qui sévit constamment (se dit par exemple pour une maladie).

s
H : qui se déplace peu ou qui exige peu de déplacements.
V : qui a un ou plusieurs siècles.

o
H : décision d'éloigner du pouvoir une personne ou un groupe.
V : qui est conforme à une doctrine.

u
H : qualifie ce qui vient ensuite.
V : conception, projet qui paraît irréalisable.

f
H : qui dure peu, qui disparaît.
V : qui se produit par hasard, de façon imprévue.

f
H : création de l'imagination.
V : sentiment très fort (s'emploie surtout pour le langage religieux).

l
H : causer du tort à quelqu'un dans ses intérêts.
V : tromper quelqu'un en lui faisant de belles promesses.

e
H : synonyme de "paradis".
V : départ en masse d'une population.

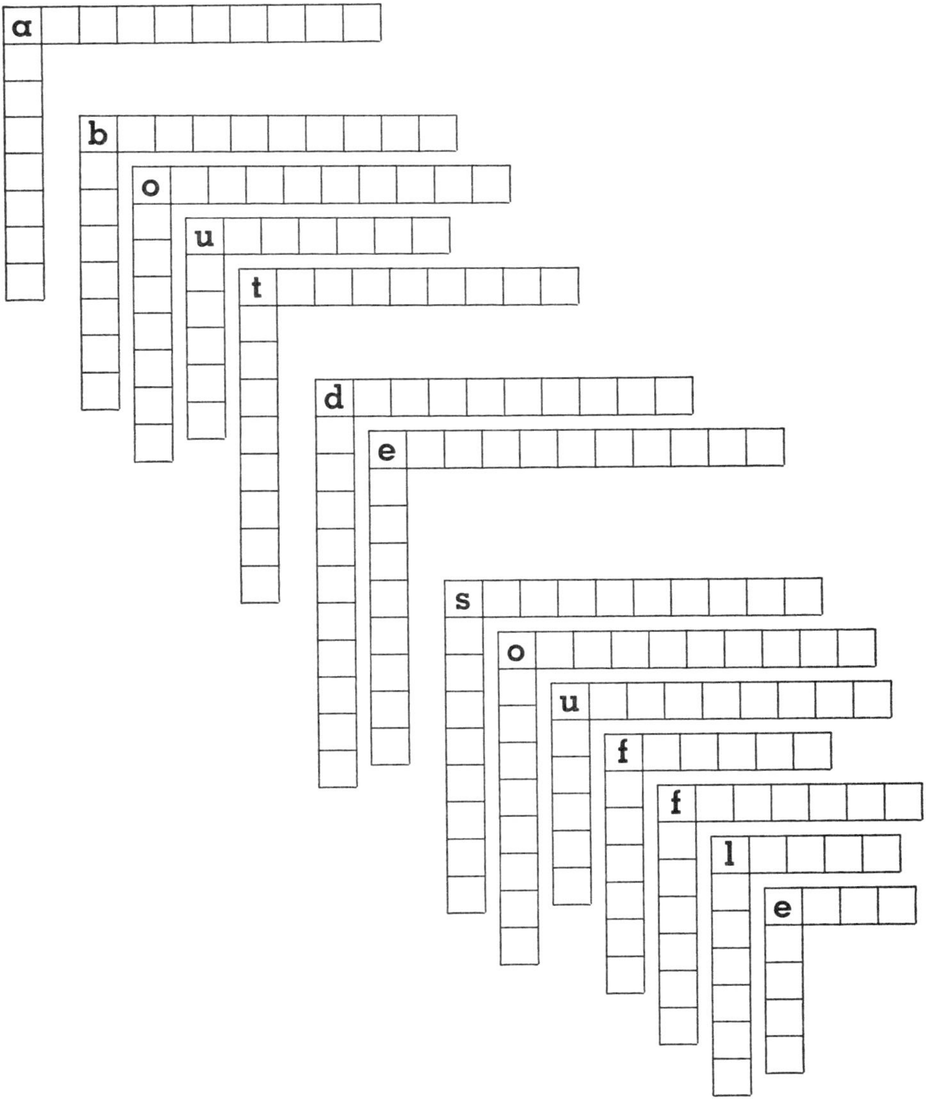
a
b
o
u
t
d
e
s
o
u
f
f
l
e

4. Que la fête commence

q **H** : absence de souci - tranquillité d'âme.
V : nombre minimum de membres présents pour que les décisions d'une assemblée soient valables.

u **H** : prendre une place à laquelle on n'a pas droit.
V : conception, projet qui paraît irréalisable.

e **H** : qui peut s'interpréter de plusieurs manières, à double sens.
V : un partage peut ne pas l'être.

l **H** : qualifie un message qui comporte peu de mots.
V : qui reste interne, dont on ne peut s'apercevoir, qualifie par exemple une insatisfaction.

a **H** : qualité qui pousse à se sacrifier soi-même ou à sacrifier son intérêt.
V : sort contraire, malchance (langue soutenue).

f **H** : qui éclate aux yeux de tous de façon évidente.
V : se tromper de direction, s'égarer (lang. soutenue).

e **H** : moyen de se tirer adroitement d'embarras.
V : arracher, faire disparaître complètement.

t **H** : que l'on peut toucher, évident, manifeste.
V : qualifie une personne qui parle peu.

e **H** : payer pour ses fautes (langage religieux).
V : encourager quelqu'un à accomplir une action par un discours (langue soutenue).

c **H** : qui cherche constamment à obtenir le plus d'argent possible.
V : qui est particulièrement aimable et poli.

o **H** : dans l'Antiquité, réponse donnée par un Dieu.
V : caché, secret, qualifie par exemple une organisation.

m **H** : personne qui aide et protège les artistes.
V : stagnation, se dit par exemple pour le commerce.

m **H** : faire varier un élément pour s'adapter aux circonstances (par comparaison avec les variations d'un son).
V : attitude hautaine et méprisante.

e **H** : éviter de répondre à une question.
V : synonyme de fausse, qui contient des erreurs, se dit par exemple pour une information.

n **H** : faire connaître dans les formes légales.
V : qualifie une personne qui jouit d'une grande aisance, qui est riche.

c **H** : synonyme de cacher (terme vieilli).
V : qui n'a plus cours, périmé.

e **H** : représentation d'une personne (se dit en particulier pour la représentation du visage).
V manifestation voyante de sentiments.

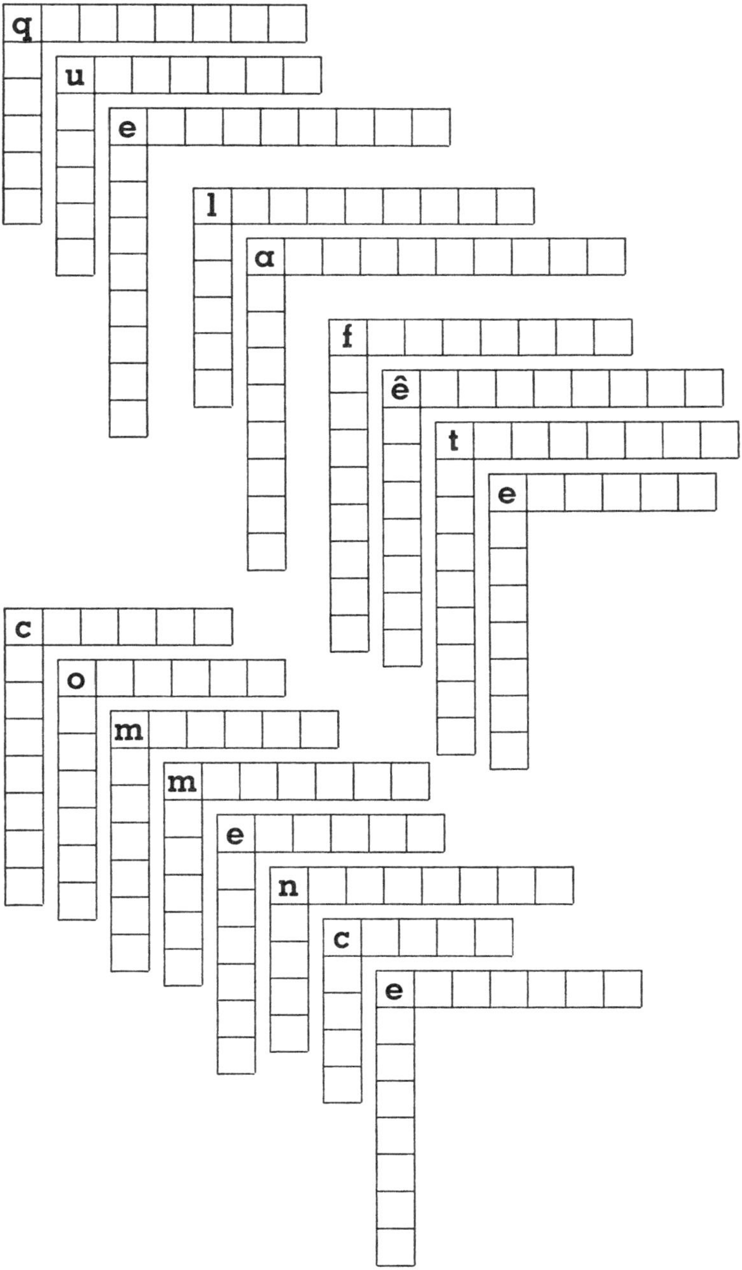
q
u
e
l
a
f
ê
t
e
c
o
m
m
e
n
c
e

5. Sept ans de réflexion

s — **H** : qui est accessoire, secondaire, par rapport à ce qui est plus important.
V : qui apparaît çà et là ou de temps à autre ; se dit par exemple pour une maladie.

e — **H** : se dit d'une doctrine dont la connaissance est réservée à des initiés.
V : qualifie un art de vivre qui cherche à jouir des plaisirs sensuels et délicats.

p — **H** : demander, solliciter, se dit par exemple pour un emploi.
V : qualifie un caractère doux, tranquille, qui ne s'énerve pas facilement.

t — **H** : qui n'est pas exprimé, se dit par exemple pour un accord.
V : récriminations véhémentes et générales.

a — **H** : pardonner (terme religieux).
V : qualifie un acte répugnant, qui inspire le mépris.

n — **H** : mot nouveau ou sens nouveau d'un mot.
V : relative au mariage.

s — **H** : qui est intolérant, qui a des idées étroites.
V : qui fait face avec courage et fermeté à la souffrance physique et morale.

d — **H** : retirer d'une somme ou d'une quantité.
V : lieu où l'on risque de s'égarer à cause de la complication des chemins.

e — **H** : expression atténuée dans le but d'éviter de blesser.
V : état de bien-être physique qui porte à la joie.

r — **H** : qualifie le fait de vivre enfermé.
V : au sens figuré, qualifie un homme pondéré, réfléchi, à qui on peut demander des conseils.

e — **H** : contenir un débordement.
V : abstraction que l'on considère comme un être réel, se dit par exemple pour l'État.

f — **H** : travail de l'imagination destiné à s'évader de la réalité.
V : destiné à tromper en donnant des arguments illusoires.

l — **H** : se dit d'une personne qui parle volontiers.
V : désaccord pouvant donner lieu à un procès.

e — **H** : qui a perdu beaucoup de sang.
V : caractère de ce qui appartient à des pays lointains, à des civilisations différentes de la nôtre.

x — **H** : hostile aux étrangers.
V : hostile aux étrangers.

i — **H** : qui s'introduit dans un groupe sans y être invité.
V : révoltant tant il est injuste, se dit par exemple pour un jugement.

o — **H** : parer, remédier, par exemple à un inconvénient.
V : qui coûte cher.

n — **H** : participe passé.
V : négation.

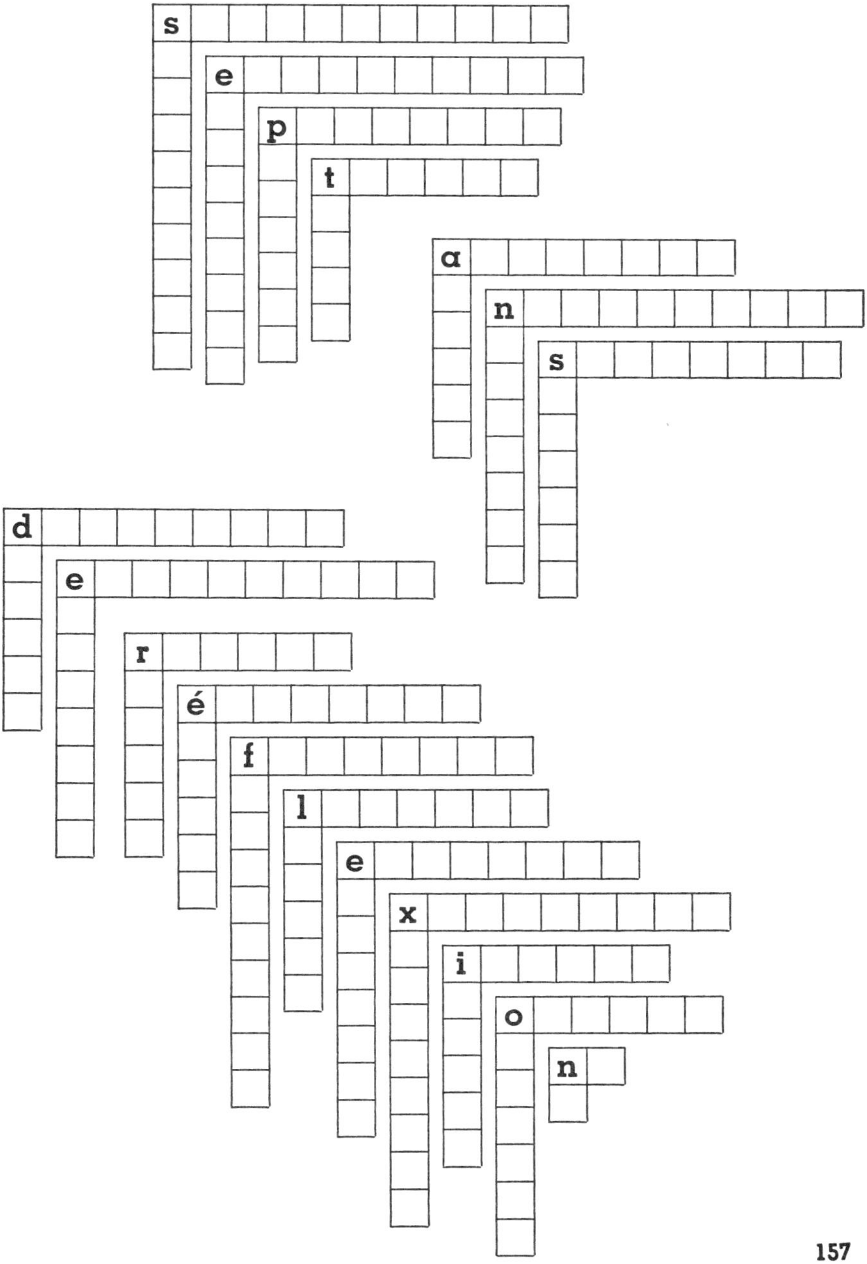
s
e
p
t
a
n
s
d
e
r
é
f
l
e
x
i
o
n

6. La grande illusion

l
H : liberté, facilité d'agir comme on le désire.
V : tolérance excessive, manque de fermeté, notamment en matière d'éducation.

a
H : qualité de celui qui est disposé à se dévouer pour les autres.
V : désordre entraîné par le manque d'autorité et de règles, notamment au niveau d'un pays.

g
H : qualifie une tendance qui porte à se rassembler et à faire tous la même chose.
V : synonyme d'élaboration, par exemple d'une œuvre ; façon dont une chose a commencé.

r
H : confirmer publiquement ou par un acte officiel.
V : total, profond, se dit, par exemple, pour un changement.

a
H : ce que l'on ajoute pour améliorer une chose.
V : similitude de goûts qui porte à sympathiser.

n
H : moqueur et malicieux, un peu ironique ; se dit, par exemple, pour qualifier un regard ou un sourire.
V : qui est connu de tous ; se dit, par exemple, pour un fait.

d
H : dont le but est d'instruire.
V : dommage matériel.

e
H : au sens figuré, adoucir une expression trop violente ; se dit, par exemple, pour un compte-rendu.
V : raccourci, sous-entendu dans une phrase ou dans un récit.

i
H : synonyme d'injures, de paroles violentes.
V : qui se met facilement en colère.

l
H : au sens moderne, qualifie une personne très libre, qui recherche de nombreuses aventures amoureuses.
V : qui a un rapport avec le jeu.

l
H : qui est chanté ou qui exprime des sentiments personnels.
V : qui rapporte de l'argent ; se dit, par exemple, pour un métier.

u
H : synonyme de tout dernier.
V : qui se produira ensuite.

s
H : séparation à la suite d'un désaccord.
V : Propos moqueur et blessant.

i
H : qu'on n'arrive pas à rassasier.
V : habitant d'une île.

o
H : obstiné, tenace, qui ne cède pas ; se dit, par exemple, pour une résistance ou pour un travail.
V : qui se produit au moment qui convient.

n
H : nouveau dans une activité, qui manque d'expérience.
V : idem.

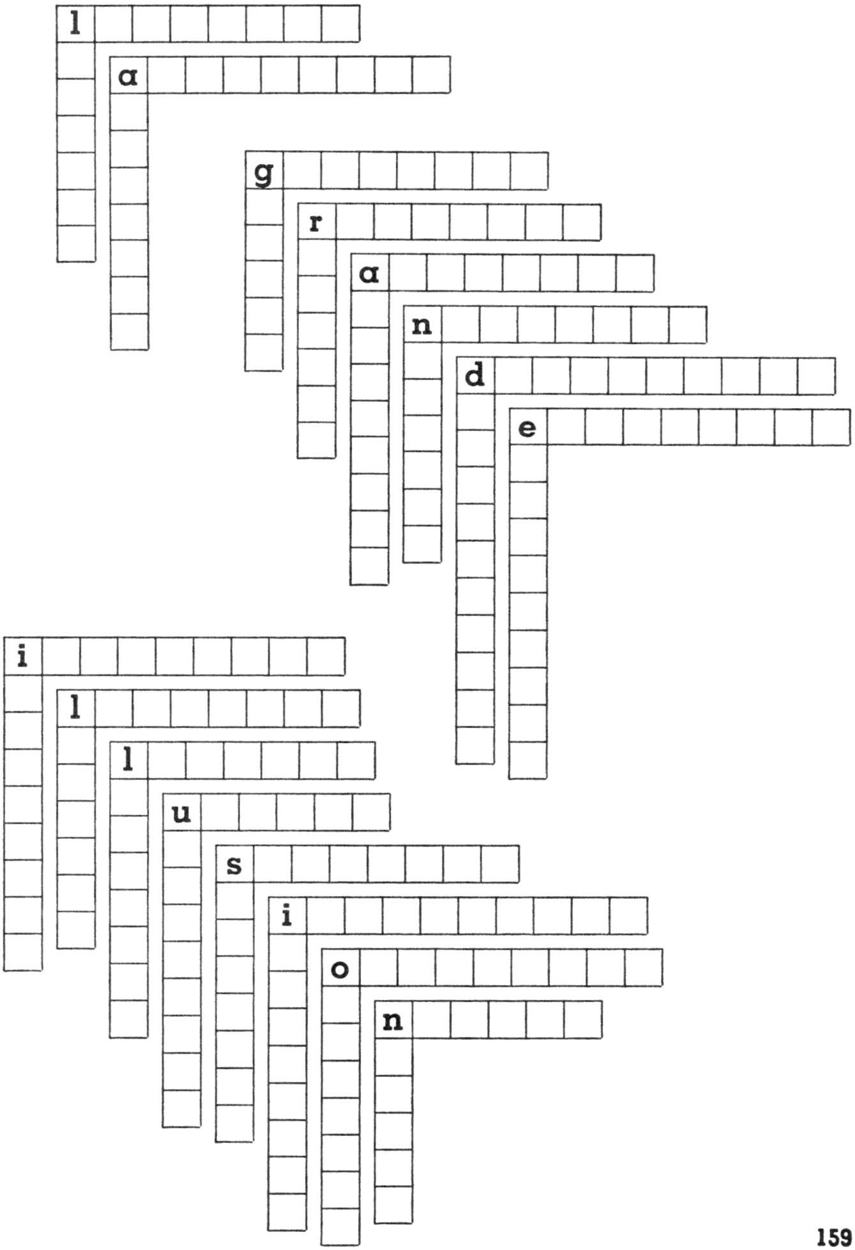
l
a
g
r
a
n
d
e
i
l
l
u
s
i
o
n

1. Amusez-vous bien

a allégation - acrimonie
m machiavélique - misanthrope
u urbanité - ubiquité
s sidérer - subodorer
e éclectique - entériner
z zélé - zizanie

v virulent - véniel
o opulence - osmose
u usurper - utopie
s sénile - suranné

b bénin - bien
i inné - imbu
e en - eu
n nu - ne

2. Vivement dimanche

v versatile - vandalisme
i inimitié - insidieuse
v vélocité - velléitaire
e émulation - empirique
m millésime - mégalomane
e émergence - esthétique
n nébuleux - narcissique
t titanesque - tergiverser

d distorsion - divulguer
i inadvertance - invétéré
m mythomane - myriade
a atermoiement - apologie
n notoriété - néophyte
c cosmopolite - crucial
h hybride - hymen
e épique - évincer

3. A bout de souffle

a accréditer - achopper

b belliqueux - boulimie
o omnipotent - onirique
u usurper - ultime
t transiger - téméraire

d dissension - dispendieux
e élucubration - endémique

s sédentaire - séculaire
o ostracisme - orthodoxe
u ultérieur - utopie
f fugace - fortuit
f fiction - ferveur
l léser - leurrer
e éden - exode

4. Que la fête commence

q quiétude - quorum
u usurper - utopie
e équivoque - équitable

l laconique - latent
a abnégation - adversité

f flagrant - fourvoyer
ê expédient - extirper
t tangible - taciturne
e expier - exhorter

c cupide - courtois
o oracle - occulte
m mécène - marasme
m moduler - morgue
e éluder - erronée
n notifier - nanti
c céler - caduc
e effigie - effusion

5. Sept ans de réflexion

s subsidiaire - sporadique
e ésotérique - épicurien
p postuler - placide
t tacite - tollé

a absoudre - abject
n néologisme - nuptiale
s sectaire - stoïque

d défalquer - dédale
e euphémisme - euphorie

r reclus - rassis
é endiguer - entité
f fantasme - fallacieux
l loquace - litige
e exsangue - exotisme
x xénophobe - xénophobe
i intrus - inique
o obvier - onéreux
n nu - ne

6. La grande illusion

l latitude - laxisme
a altruisme - anarchie

g grégaire - genèse
r ratifier - radical
a adjuvant - affinités
n narquois - notoire
d didactique - déprédation
e édulcorer - elliptique

i invective - irascible
l libertin - ludique
l lyrique - lucratif
u ultime - ultérieur
s scission - sarcasme
i insatiable - insulaire
o opiniâtre - opportun
n novice - novice

« Vivement dimanche, que la fête commence ! avaient dit les profs. Amusez-vous bien ! » Le lendemain du bac, c'était la grande illusion : après sept ans de réflexion, nous étions à bout de souffle.

POUR CONTRÔLER VOS ACQUISITIONS : 1000 MOTS, 20 CHAMPS LEXICAUX

1000 MOTS, 20 CHAMPS LEXICAUX

A vos dictionnaires !

Les phrases présentées dans cette partie vous permettront de tester les connaissances acquises par les exercices de la partie précédente. Le vocabulaire est réparti de la même façon que dans "CHAMPS LEXICAUX" p. 36. Elles ont été composées pour vous inciter à ouvrir le dictionnaire et à assimiler l'article complet concernant les mots que vous connaissez encore mal. Vous prendrez ainsi conscience de la "polysémie" (multiplicité de sens) et de l'extraordinaire richesse du vocabulaire français.

Dans une classe, ce travail peut être fait en équipes, et étalé dans le temps. Toutefois, si vous avez peu de temps, vous trouverez dans l'index p. 197 le sens des mots présentés dans cette partie, par un renvoi aux exercices ou aux corrigés de la première partie.

1. Le vocabulaire du raisonnement

La plupart des termes appartiennent au vocabulaire des mathématiques et de la logique mais ils sont présentés ici dans leur sens courant.
Attention : ces mots paraissent faciles, connus ; il importe pourtant de préciser leur sens et d'arriver à une idée claire de l'opération ou du rapport logique qu'ils désignent.

☐ Ton exposé manque d'exemples : il est trop abstrait.
☐ Avant la création des crèches, les femmes se trouvaient placées devant une alternative : travailler en mettant leurs enfants en nourrice ou rester à la maison.
☐ Procéder par analogie est parfois un bon moyen de saisir les données d'un problème et ensuite les analyser.
☐ Il y a antinomie entre les conceptions de la droite et celles de la gauche en matière de politique économique.
☐ La poésie de Victor Hugo est riche en antithèses tant dans l'expression que dans la pensée.
☐ Les avocats doivent trouver des arguments convaincants pour défendre leur client.
☐ L'une des qualités que l'on demande à une dissertation est d'être cohérente.
☐ Son métier n'est pas compatible avec ses obligations familiales.
☐ Avoir une idée claire de ce qu'est un concept est indispensable pour réussir dans le travail intellectuel.
☐ Dans une discussion, les idées doivent être illustrées par des exemples concrets.

☐ On en est réduit aux conjectures en ce qui concerne le sort des otages.
☐ La catastrophe aérienne s'explique par la conjonction de deux phénomènes atmosphériques.
☐ Il semble que la conjoncture devienne plus favorable en matière de création d'entreprises.
☐ Les Anciens établissaient une corrélation entre le passage d'une comète et une catastrophe.
☐ Sa fuite corrobore les soupçons.
☐ Sur quels critères attribue-t-on le prix Goncourt ?
☐ Hercule Poirot raisonne souvent par déduction.
☐ Dans la discussion, sa dialectique est redoutable : il a l'art de dépasser les contradictions.
☐ Les Cathares opèrent une dichotomie, dans la Création, entre le bien et le mal.
☐ Mac-Mahon fut placé devant un dilemme : se soumettre ou se démettre.

☐ Il convient d'opérer une disjonction entre ces deux articles de loi et de les examiner séparément.
☐ Il y avait une trop grande disparité entre leurs caractères pour que leur union fût durable : la nouvelle se divulgua très vite.
☐ Il coexistait en moi une dualité de sentiments qui me la faisait à la fois aimer et haïr.
☐ De nos jours, la conduite d'une entreprise ne peut plus être empirique.
☐ Les futurologues travaillent sur des extrapolations.
☐ La valeur extrinsèque d'un objet peut être très différente de sa valeur intrinsèque, s'il est rare.
☐ Il ne voit pas clairement la finalité de cette association.
☐ La liberté et l'égalité sont les fondements de la démocratie.
☐ Le ministre français de la Justice a rencontré son homologue italien.
☐ La connaissance scientifique avance à partir d'hypothèses que l'on vérifie.

☐ L'adhésion à une société implique le respect de ses statuts au iota près.
☐ Une mauvaise récolte a nécessairement une incidence sur le prix des céréales.
☐ L'induction est la démarche intellectuelle inverse de la déduction.
☐ Ce n'est pas parce que cet homme se trouvait sur les lieux à l'heure du crime, qu'on peut en inférer sa culpabilité.
☐ Les résultats du commerce extérieur infirment les prévisions optimistes faites l'année dernière.
☐ Le développement musculaire est inhérent à l'exercice physique.
☐ Le valet de Don Juan agit à l'instar de son maître, ce qui crée un décalage comique.
☐ Ceux qui sont naturellement logiques dans leurs raisonnements ont bien de la chance !
☐ Quand ils reprennent les cours, les élèves doivent indiquer le motif de leur absence.
☐ Il est difficile d'avoir un jugement objectif quand le sujet nous touche de près

☐ Soutenir que ce seront les plus faibles qui auront la victoire est un paradoxe.
☐ Il y a des causes multiples à la montée de la violence ; c'est un phénomène que l'on ne peut expliquer par un seul paramètre.
☐ La parité des salaires entre les hommes et les femmes pour un même travail n'est pas encore totalement obtenue.
☐ Les phénomènes cosmiques relèvent d'une observation scientifique.

☐ Prétendre, comme Jean-Jacques Rousseau, que l'homme est naturellement bon est un postulat.
☐ Descartes indique que pour bien philosopher, il faut remonter aux principes des choses.
☐ Chaque groupement de textes pour l'oral du baccalauréat doit faire apparaître une problématique.
☐ Dans son "Histoire naturelle", Buffon a classé les animaux selon leurs caractères spécifiques.
☐ Qui veut faire la synthèse des différentes propositions sur les moyens d'éviter les licenciements ?
☐ En astronomie, on commence par étudier le système solaire.
☐ Einstein a énoncé la théorie de la relativité.
☐ La Fontaine s'est exprimé sur la thèse des animaux-machines.

2. Le temps

☐ Les anachronismes rendent cette pièce de théâtre très drôle.
☐ La peur des loups fait partie des peurs ancestrales.
☐ L'installation du laboratoire était antédiluvienne.
☐ "1984" de George Orwell est un très beau roman d'anticipation.
☐ Les statues grecques de l'époque archaïque sont belles dans leur simplicité.
☐ La découverte de la composition atomique de la matière a rendu caduques les anciennes théories.
☐ Une croix de Lorraine monumentale a été élevée à Colombey pour commémorer l'action du général de Gaulle.
☐ L'apparition de symptômes concomitants peut aider à faire le diagnostic d'une maladie.
☐ La Fontaine est le contemporain de Racine.
☐ Il ne faut pas confondre décade et décennie.

☐ D'Artagnan dut faire diligence pour ne pas manquer le bateau d'Angleterre.
☐ Quand le Prince la découvrit, les habits de la Belle au Bois Dormant étaient désuets.
☐ La peste a régné en Europe, à l'état endémique, du XIVe au XVIIe siècle.
☐ La mode estivale des années Trente est charmante.
☐ Le Conseil d'Administration s'étant réuni pour examiner leurs propositions, les syndicats sont dans l'expectative.
☐ Il s'obstinait à vouloir noter des impressions fugaces.
☐ Les vacances constituent un hiatus dans sa vie monotone.
☐ Les monuments de l'Antiquité permettent de penser que la géométrie est connue depuis des temps immémoriaux.
☐ Le député fit une intervention intempestive.
☐ Il est risqué de lui confier de l'argent, car c'est un joueur invétéré.

☐ 1987 sera un bon millésime pour les vins.
☐ Bonaparte choisit le moment opportun pour proclamer l'Empire.
☐ La Constitution vise à assurer la pérennité de la République.
☐ On ne peut autoriser les élèves à ne pas assister aux cours de l'après-midi les veilles de vacances, car cela créerait un précédent regrettable.
☐ La soirée fut le prélude d'une idylle.

☐ Dans l'Antiquité, on offrait aux dieux les prémices de la récolte.
☐ Lucile avait des visions prémonitoires.
☐ La réunion des États Généraux fut le prologue de la Révolution française.
☐ Les économistes aiment bien faire de la prospective.
☐ Depuis quelques années, le terrorisme est un phénomène récurrent.

☐ Le goût de la petite madeleine trempée dans le thé éveilla en Proust des réminiscences du passé.
☐ Certains candidats aux élections accusent leurs adversaires de vouloir faire une politique rétrograde.
☐ Après l'incendie, il continuait à trembler, en proie à une peur rétrospective.
☐ Après la guerre de 1914-1918, le début du siècle apparut comme une époque révolue.
☐ La plupart des fêtes paysannes étaient liées à des traditions séculaires.
☐ Bien que les combats aient officiellement cessé, on entend encore des fusillades sporadiques.
☐ Le souvenir des guerres de Vendée subsiste dans la mémoire des gens de cette région en dépit du temps passé.
☐ La marquise, qui continue à recevoir à cinq heures pour le thé, a des idées surannées.
☐ Ne commencez rien maintenant : attendez des instructions ultérieures.
☐ Voici mes ultimes recommandations.
☐ Il retrouvait avec émotion l'escalier vétuste de la maison de son enfance.

3. Le lieu

(Désignations de lieux ; idée d'entrer, de sortir ; mouvements vers l'intérieur, l'extérieur, surtout au sens figuré)

☐ Jean-Jacques Rousseau se sentait heureux dans un paysage agreste.
☐ Ce projet est bien ancré en lui.
☐ C'était un farfelu dont les idées étaient toujours aux antipodes des opinions communes.
☐ Les peintres du dimanche sont souvent d'humeur bucolique.
☐ Le champ des connaissances sur le fonctionnement du cerveau s'est considérablement étendu.
☐ Le Comte de Monte-Cristo a souffert de sa longue claustration.
☐ Je ne peux supporter cette atmosphère confinée.
☐ La ville de Paris est devenue cosmopolite.
☐ Les immigrés se perdent dans le dédale des formalités administratives.
☐ Une bonté rayonnante émanait du visage de Gandhi.

☐ On constate l'émergence d'un nouvel état d'esprit en ce qui concerne l'utilisation du temps libre.
☐ Le général observait la bataille depuis une éminence.
☐ Il a fallu exhausser la voûte du tunnel pour permettre le passage des cars à étage.
☐ L'exode de 1940 a été un épisode dramatique de l'histoire de la France contemporaine.
☐ Aujourd'hui, les voyageurs qui recherchent l'exotisme doivent aller très loin.

☐ C'est une industrie en pleine expansion.
☐ Sous l'Inquisition, on expurgeait de nombreux textes.
☐ L'incendie a pris de l'extension.
☐ Voltaire voulait extirper l'intolérance.
☐ Le sport est un exutoire à la tension du travail.
☐ Il est venu s'immiscer dans l'organisation de la fête communale alors qu'on ne lui demandait rien.

☐ L'inclinaison de la tour de Pise en fait un objet de curiosité.
☐ On lui avait inculqué le respect des opinions d'autrui.
☐ Il faut croire qu'il a la science infuse, car il réussit, bien qu'on ne le voie jamais travailler.
☐ Tartuffe s'ingère dans les affaires d'Orgon.
☐ Les insulaires de Tahiti furent particulièrement accueillants envers Bougainville et ses compagnons.
☐ Appartenant à un milieu social très différent, le gendre fut toujours considéré comme un intrus par la plus grande partie de la famille.
☐ La société que Balzac met en scène dans ses romans constitue un véritable microcosme.
☐ Dans son "Journal de voyage", Montaigne relate ses pérégrinations à travers l'Europe.
☐ Les compagnons de Magellan mirent trois ans pour accomplir leur périple.
☐ Dans "Germinal", Étienne Lantier supporte difficilement la promiscuité des corons.

☐ Déçu par le monde, il résolut de vivre en reclus jusqu'à la fin de ses jours.
☐ Dans les "Géorgiques", Virgile a chanté la vie rustique.
☐ Les Tziganes supportent difficilement d'avoir un travail sédentaire.
☐ Je vais essayer de sonder ses intentions pour voir s'il pense adhérer à notre parti.
☐ Il se déplaçait si rapidement qu'il donnait l'impression d'avoir le don d'ubiquité.
☐ En 1810, Napoléon est au zénith de sa gloire.

4. L'ordre de grandeur et d'importance

(Le plus, le moins ; l'important, le secondaire ; ce qui se compte ; ce qui se mesure).

☐ La peur avait accru l'acuité de ses sensations.
☐ L'espoir de retrouver des survivants s'amenuise.
☐ C'était une remarque tout à fait anodine.
☐ L'apogée de la civilisation de la Grèce antique se situe au Ve siècle avant Jésus-Christ.
☐ Sa maladie est tout à fait bénigne.
☐ C'est un rêveur perdu dans de grands projets qui ne se soucie pas des contingences.
☐ L'année du baccalauréat est cruciale dans le déroulement des études.
☐ Les blocs tombés de la montagne formaient un barrage cyclopéen.
☐ Les populations souffrant de malnutrition sont de plus en plus décimées par la maladie.
☐ Les travailleurs clandestins reçoivent des salaires dérisoires.

☐ Dans son compte rendu, le secrétaire de séance a édulcoré les propos échangés.
☐ Les élèves des Grandes Écoles constituent une élite.
☐ On donne le prix Nobel à des savants éminents.
☐ L'amour a fini par l'emporter sur les préjugés de classe.
☐ Les grands froids ont entraîné une hécatombe des oiseaux fragiles.
☐ La sympathie que l'on éprouve pour quelqu'un tient souvent à des impondérables.
☐ Les mauvais résultats de ces dernières années ne feront pas changer d'un iota ce gestionnaire entêté.
☐ Picrochole est un mégalomane.
☐ Pour être juste, il faut savoir moduler les sanctions.

☐ Les mers recèlent des myriades de poissons d'espèces différentes.
☐ Les empereurs de Chine étaient omnipotents.
☐ Dans le roman traditionnel, le narrateur est omniscient.
☐ Ces accusations sont outrancières.
☐ La première chose à faire est de fournir une aide pécuniaire à cette famille sans ressources.
☐ Le chemin de fer permet le transport de matières pondéreuses.
☐ La télévision a un rôle prépondérant dans l'information.
☐ Faut-il accorder la primauté à l'enseignement professionnel dans les nouveaux programmes ?
☐ Rabelais recommande de chercher, sous le comique, la quintessence de sa pensée.
☐ La réunion ne peut se tenir : le quorum n'est pas atteint.

☐ Casanova a eu tant d'aventures qu'on ne pourrait les recenser.
☐ Il a fallu subir une recrudescence du froid.
☐ La petite délinquance est en régression.
☐ Ils ne connaissent que les rudiments de la grammaire.
☐ Tu formules sur les immigrés un jugement très sommaire.
☐ A Rome, Du Bellay perdait son temps dans des occupations subalternes.
☐ Laissons de côté les considérations subsidiaires.
☐ Stendhal a fait une analyse subtile du sentiment amoureux.
☐ Votre description est trop succincte pour qu'on puisse retrouver la voiture des voleurs.
☐ Je n'ai rien à faire de tes remarques superfétatoires.
☐ Le rock a supplanté le disco.
☐ Il supplée à son manque de vocabulaire par des mimiques très expressives.
☐ En allant à la ville, Perrette supputait les bénéfices qu'elle tirerait de son pot de lait.
☐ Les différences de nuances étaient si ténues que le paysage semblait baigner dans une seule couleur.
☐ La construction du barrage d'Assouan a exigé des travaux titanesques.
☐ La grippe a été virulente cette année.

5. Quantités et qualités

(De l'abondance au manque ; idée de donner, d'ajouter ou de retirer).

☐ L'exercice physique est un bon adjuvant pour se maintenir en forme.
☐ Des soldats ont été affectés à la lutte contre les incendies de forêt.

☐ Pour respecter l'horaire, on a dû amputer l'émission d'une dizaine de minutes.
☐ Tous les efforts pour réformer l'administration ont été annihilés par la mauvaise volonté des gens en place.
☐ Les députés de l'opposition accusent le gouvernement de carence dans la lutte contre le chômage.
☐ Dans votre déclaration, vous défalquerez 20 % de vos revenus.
☐ La défection d'une partie des conjurés fit échouer le complot.
☐ On ne peut espérer convaincre avec une argumentation aussi déficiente.
☐ Il va de soi que les bénévoles doivent être défrayés de leurs frais de transport.
☐ La désaffection du public met beaucoup de petits cirques en difficulté.

☐ Le développement des stations de ski se fait-il au détriment de l'économie pastorale ?
☐ Le cousin d'Eugénie Grandet dilapida en peu de temps les économies qu'elle lui avait confiées.
☐ On a dû supprimer les projets dispendieux.
☐ La sensibilité de Coupeau était émoussée par l'alcoolisme.
☐ Ce lexique n'a pas la prétention d'être exhaustif.
☐ Certains films donnent une idée du faste des fêtes impériales.
☐ Le rat des champs servit au rat des villes un repas frugal.
☐ Il n'a pas envoyé son dossier d'inscription dans les délais impartis.
☐ On a imputé à la politique gouvernementale du Front populaire la faiblesse de la France en 1940.
☐ Il fuyait les réceptions mondaines à cause de l'inanité des conversations.
☐ Son argumentation est tellement indigente qu'il n'a aucune chance de convaincre.

☐ Les organismes humanitaires viennent en aide aux indigents.
☐ Les médias favorisent l'inflation verbale.
☐ Il a pu enregistrer cette œuvre musicale intégrale sur un petit nombre de disques.
☐ La maladie n'a pas atteint l'intégrité de ses facultés intellectuelles.
☐ La préoccupation de la plupart des parents est que leurs enfants acquièrent des diplômes qui leur permettent de trouver un travail lucratif.
☐ Dans « Germinal », Zola met en scène une famille de bourgeois nantis.
☐ On a octroyé deux jours de congé aux écoliers.
☐ Ces marchandises seront trop onéreuses.
☐ Rome était une cité opulente sous l'Empire.
☐ Les gisements de pétrole sont un pactole pour un pays.

☐ On ne doit pas dire une panacée universelle : c'est un pléonasme...
☐ « Le Neveu de Rameau » de Diderot met en scène le type même du parasite.
☐ Chez les Grandet, la salle était éclairée avec parcimonie.
☐ C'est à cause de la pénurie de main-d'œuvre qu'on a dû faire appel aux tra vailleurs étrangers.
☐ Après l'accident de Coupeau, le commerce de Gervaise périclita.
☐ Les cours baissent car la récolte de blé a été pléthorique.
☐ Quand Ulysse rentra à Ithaque, il prodigua des caresses à son vieux chien qui l'avait attendu.
☐ Il faudrait trouver des mesures radicales contre le terrorisme.
☐ Une opération très délicate lui a permis de recouvrer la vue
☐ Quand vous aurez payé tous les ouvriers, vous conserverez le reliquat de la somme que je vous ai donnée.

☐ Il n'est pas facile de résorber les surplus de produits laitiers.
☐ La diététique recommande de ne pas aller jusqu'à la satiété.
☐ Dans "Vipère au poing", d'Hervé Bazin, Folcoche impose à ses enfants une existence spartiate.
☐ L'émission de télévision a été tronquée pour respecter les contraintes de l'horaire.

6. Quelques contraires

(Le vrai, le faux, le normal, l'anormal, l'ordre, le désordre, le réel, l'irréel, le certain, l'incertain, le supposé).

☐ Soutenir que le soleil tourne autour de la terre est une aberration.
☐ Les combats cessèrent. Ce moment d'accalmie permit d'aller chercher les blessés.
☐ La droite avait cherché à accréditer l'idée que Dreyfus était coupable.
☐ Gagner au loto est aléatoire.
☐ La lumière du soleil altère la couleur des tissus.
☐ La ville détruite par le tremblement de terre offrait un spectacle apocalyptique.
☐ Nul n'est censé ignorer la loi.
☐ Après la seconde guerre mondiale, l'Allemagne était dans un véritable chaos.
☐ Aller sur la lune était considéré autrefois comme un projet chimérique.
☐ La guerre de 39-45 devint une conflagration mondiale.

☐ Un homme d'action ne doit pas se laisser arrêter par les contingences.
☐ Il est bon de démythifier le pouvoir de l'argent.
☐ Ses paroles ont été dénaturées, si bien qu'il a été critiqué à tort.
☐ Il ne faut pas qu'il y ait de distorsion entre les notations des différents correcteurs.
☐ Les informations fournies aux journalistes sont parfois erronées : ils doivent les contrôler.
☐ On a prévu l'évacuation de la ville dans le cas d'un éventuel tremblement de terre.
☐ Sa gaieté était factice et causait une impression de malaise.
☐ Les promesses de son cousin avaient donné à Eugénie Grandet des espoirs fallacieux.
☐ Prétendre que les fours crématoires n'ont pas existé dans l'Allemagne nazie, c'est falsifier la vérité.
☐ On peut penser que l'existence des Martiens relève de la fiction.

☐ Sa politesse est toute formelle : ce n'est pas une marque d'intérêt.
☐ La solennité de la cérémonie fut troublée par un incident fortuit qui entraîna un fou-rire général.
☐ Balzac peint dans certains de ses romans la société frelatée de Paris à son époque.
☐ Il s'est fourvoyé en choisissant une orientation scientifique.
☐ Dans les magasins de brocante, on trouve des objets hétéroclites.
☐ Il est tout à fait illusoire d'espérer obtenir un poste aussi important avec des diplômes de si peu de valeur.
☐ Le ciel du Sahara est immuable.
☐ L'équipe de France de football a des qualités indéniables.

☐ Pendant l'interrogatoire, le juge d'instruction cherchait à piéger le prévenu par des questions insidieuses.
☐ On peut s'inquiéter du laxisme avec lequel les parents élèvent leurs enfants.

☐ Il ne faut pas se laisser leurrer par les promesses électorales.
☐ Les périodes troublées connaissent souvent la licence des mœurs.
☐ Ils ont maquillé les chiffres pour pouvoir prétendre qu'ils avaient réussi.
☐ Le valet s'amuse à mystifier Harpagon.
☐ Le langage des présentateurs de télévision ne doit pas s'écarter de la norme.
☐ Les militants qui n'ont pas des idées orthodoxes sont exclus du parti.
☐ Un élève a donné de ce poème une interprétation tout à fait pertinente.
☐ Je ne sais si les explications qu'il donne de sa conduite sont vraies. En tout cas, elles sont plausibles.
☐ La clientèle potentielle du marché des magnétoscopes est importante.
☐ Dans la mesure où il n'est pas titulaire de son poste, sa situation est précaire.

☐ Je présume que vous n'êtes pas fâché d'être en vacances.
☐ Cette expérience n'a pas donné de résultats probants.
☐ Il n'est pas raisonnable d'investir tant de temps et d'argent pour un résultat problématique.
☐ Les personnes qui rencontrent une princesse doivent respecter le protocole même si elle a des manières très modernes.
☐ Dans les pays totalitaires, les procès ne sont que des simulacres de justice.
☐ Quand on interviewe certaines vedettes du cinéma ou de la chanson, on n'obtient que des réponses stéréotypées.
☐ Le fils d'Harpagon a dû avoir recours à un subterfuge pour obtenir de l'argent de son père.
☐ Les résultats des sondages font l'objet d'interprétations tendancieuses.
☐ Personne ne met en doute la véracité de son récit.
☐ Il faut mettre en œuvre les virtualités qui sont en vous.

7. Le clair et l'obscur

☐ Il se tire d'embarras par une réponse ambiguë.
☐ Tintin a trouvé des signes cabalistiques sur un vieux parchemin.
☐ On ne peut celer plus longtemps la vérité.
☐ La presse a parfois tort de divulguer trop vite certaines nouvelles.
☐ As-tu élucidé le mystère de la Chambre jaune ?
☐ Certains trouvent que les chats ont un regard énigmatique.
☐ Il faudra t'enquérir du prix de la traversée.
☐ Les paroles du Comte à sa servante étaient équivoques.
☐ Le langage des alchimistes était ésotérique.
☐ Dans le cas de Landru, la préméditation était flagrante.

☐ Il faut se méfier des dispositions implicites dans les contrats d'assurance.
☐ Des opérations financières hasardeuses ont été réalisées à son insu avec l'argent qu'il avait confié à son agent de change.
☐ La génération qui suivit la chute du Premier Empire vécut dans un état d'insatisfaction latente.
☐ Ici l'erreur de navigation est manifeste.
☐ Ses projets sont encore bien nébuleux.

☐ Il est notoire que Gide était homosexuel.
☐ Le temps a oblitéré ses souvenirs.
☐ Le père Grandet était obnubilé par l'argent.
☐ Un récent scandale a mis au jour les activités occultes du responsable des finances.
☐ Les vraies raisons du drame ont été occultées.

☐ La piété de Tartuffe est ostentatoire.
☐ Leur désaccord est patent.
☐ La mer recèle des trésors disparus lors des naufrages.
☐ Il a sciemment doublé la dose de somnifère.
☐ Les Grecs venus consulter l'oracle de Delphes recevaient des réponses sibyllines.
☐ J'ai subodoré sa manœuvre.
☐ Ce document a été obtenu d'une manière subreptice.

8. D'accord, pas d'accord

☐ Il acquiesça d'un signe de tête.
☐ Des sectes tentent de recruter des adeptes par des moyens douteux.
☐ Madame de Rénal et Julien Sorel avaient des affinités.
☐ Le baron ne pouvait agréer la demande de Candide d'épouser Cunégonde.
☐ La guerre civile déchirait le pays en proie à des forces antagonistes.
☐ Les accords de Munich ont été bafoués par Hitler.
☐ Chacun des belligérants essaie d'attirer les pays neutres dans son camp.
☐ Richelieu ne supportait pas que les nobles bravent l'autorité royale.
☐ A cause de sa casquette démodée, Charles Bovary était en butte aux moqueries de ses camarades de classe.
☐ Les clivages sociaux sont moins apparents chez les jeunes qu'ils ne l'étaient dans la génération précédente.

☐ Les États d'Europe se sont coalisés contre Napoléon.
☐ Les syndicats soupçonnent une collusion entre le gouvernement et le patronat.
☐ Ce n'est pas par des compromis que l'Assemblée européenne peut survivre.
☐ La jeunesse rejette les conformismes.
☐ Je voyais bien que le frère et la sœur étaient de connivence.
☐ On n'est pas parvenu à un consensus sur la politique agricole.
☐ Il y a un contentieux entre l'Angleterre et les autres pays du Marché Commun.
☐ Les pays riches ont signé une convention pour lutter contre la famine en Afrique.
☐ Les personnes qui ont choisi de vivre en communauté accordent beaucoup de prix à la convivialité.
☐ Les professeurs au Collège de France sont recrutés par cooptation.

☐ Je lui dénie tout pouvoir de décision.
☐ Ils ont eu un différend à propos d'un droit de passage et depuis ils ne se parlent plus.
☐ Aux États-Unis, les Noirs ont souvent été victimes de mesures discriminatoires.
☐ On sait qu'il existe des dissensions entre les militants de ce parti.
☐ Les dissidents russes n'ont pas tous pu quitter leur pays.
☐ Elle n'a été sensible qu'aux dissonances, dans cette réunion qui fut pourtant chaleureuse.

☐ Des points de vue divergents ne sont pas totalement opposés.
☐ Le Sénat a entériné les décisions de l'Assemblée Nationale.
☐ L'opinion publique a vivement condamné les factieux.
☐ Il s'est formalisé parce qu'on ne lui avait pas donné la place d'honneur.

☐ Ça me déplaît de le voir frayer avec un garçon si peu recommandable.
☐ Le moins que l'on puisse dire est que les fourmis ont un instinct grégaire.
☐ La vente de la propriété a marqué le début des hostilités entre les deux frères.
☐ Je ne sais comment définir cette œuvre : elle appartient à un genre hybride.
☐ Il s'est attiré des inimitiés dans le monde politique par ses volte-face.
☐ Mata-Hari fut soupçonnée d'intelligence avec l'ennemi.
☐ C'est aux compagnies d'assurances de régler les litiges entraînés par les accidents.
☐ De tout temps le projet de tunnel sous la Manche a reçu un accueil mitigé.
☐ Le meilleur moyen d'éviter les conflits raciaux serait de parvenir à une osmose entre les communautés.
☐ Si surprenant que cela puisse paraître, le mysticisme et la sensualité vont souvent de pair.

☐ Finalement je me rallie à votre point de vue.
☐ Un accord n'a pas de valeur tant qu'il n'est pas ratifié par qui de droit.
☐ L'avocat de la défense a le droit de récuser un juré.
☐ Sous l'Occupation, les jeunes gens qui refusaient d'aller travailler en Allemagne étaient qualifiés de réfractaires.
☐ C'est une théorie qu'il n'est pas difficile de réfuter.
☐ Les désaccords lors du congrès de Tours ont abouti à une scission au sein du parti socialiste.
☐ Il sied et seyant sont les seules formes usitées du verbe seoir.
☐ Les transfuges sont considérés comme des traîtres.
☐ Le général de Gaulle n'a jamais accepté de transiger sur l'indépendance nationale.
☐ Il est tout juste bon à semer la zizanie.

9. Pouvoir, volonté, soumission

(Termes ayant des connotations juridiques et politiques).

☐ La loi anti-casseurs a été abrogée.
☐ Les féministes pensent qu'en se mariant, elles aliènent leur liberté.
☐ Sous les derniers empereurs, l'empire romain sombra dans l'anarchie.
☐ L'Autriche a été annexée par Hitler en 1938.
☐ Jusqu'au milieu du 20ᵉ siècle, les croisières étaient l'apanage de la classe aisée.
☐ Les philosophes du 18ᵉ siècle luttèrent contre les emprisonnements arbitraires.
☐ Les membres du gouvernement ne doivent pas s'arroger des pouvoirs qui ne leur sont pas expressément reconnus par la Constitution.
☐ Madame de Pompadour avait beaucoup d'ascendant sur Louis XV.
☐ A la fin de la Seconde Guerre mondiale, les Américains ont aidé les peuples asservis à retrouver la liberté.
☐ J'entends bien assumer mes responsabilités.

☐ Lorsqu'il découvre son hypocrisie, Orgon veut bannir Tartuffe de sa maison.
☐ Autrefois, dans les écoles anglaises, les nouveaux élèves étaient brimés par les anciens.

☐ Le lauréat du Prix Nobel de la Paix a cautionné la campagne anti-nucléaire.
☐ Les responsables de la révolte furent sévèrement châtiés.
☐ On ne fait jamais assez attention aux clauses des contrats d'assurance.
☐ Les préfets agissent en vertu des pouvoirs qui leur sont conférés.
☐ L'application de cette mesure impopulaire n'a pu être obtenue que par la coercition.
☐ Il faut faire la part de la démagogie dans les discours politiques.
☐ Aux élections du conseil d'administration, le président sortant a préféré se désister en faveur d'un candidat mieux placé.
☐ Napoléon a gouverné en despote.

☐ A la suite d'une "bavure", le commissaire a été destitué de ses fonctions.
☐ Le magnat de la presse a jeté son dévolu sur une petite bourgade de la Côte d'Azur et en a fait une grande station mondaine.
☐ Avant la Première Guerre mondiale, tout fut bon aux "revanchards" pour discréditer Joseph Caillaux, Président du Conseil, qui s'efforçait d'éviter le conflit.
☐ Le capitaine Dreyfus fut entièrement disculpé.
☐ On a tout fait pour le dissuader de partir.
☐ Pour éviter l'extension de l'épidémie, il a fallu prendre des mesures draconiennes.
☐ La campagne pour le développement de la lecture a été réalisée sous l'égide du Ministère de la Culture.
☐ De quel droit s'érige-t-il en juge de toutes nos actions ?
☐ Plusieurs candidats à ce poste ont été évincés pour des raisons peu valables.
☐ Pendant la guerre de Trente Ans, les populations civiles ont affreusement souffert des exactions des gens de guerre.

☐ Il arrive que des escrocs extorquent une signature à des personnes âgées.
☐ Brutus et ses amis ont fomenté un complot contre César.
☐ Delphine et Marinette avaient reçu l'ordre formel de ne pas ouvrir au loup.
☐ Les moralistes fustigent dans leurs écrits les mœurs de leur temps.
☐ Il s'est porté garant de l'honnêteté de l'intermédiaire.
☐ Les maires sont habilités à délivrer des documents officiels.
☐ Sparte et Athènes ont lutté pour l'hégémonie de la Grèce.
☐ En France, la culture du tabac sans autorisation est illicite.
☐ Les députés bénéficient de l'immunité parlementaire.
☐ Je fus surpris par son ton impérieux.

☐ Il a été impliqué dans une affaire de fausses factures, si bien que sa carrière est compromise.
☐ Jusqu'à ces derniers temps, les membres de la Mafia trafiquaient en toute impunité.
☐ On a imputé à une mauvaise gestion le déficit de la balance des paiements.
☐ Dans les sociétés traditionnelles, les frais du repas de noce incombent aux parents de la mariée.
☐ Le président de la République est solennellement investi de ses fonctions au début de son septennat.
☐ Les indigènes ont souffert sous le joug des colonisateurs.
☐ Comment juguler la montée du chômage ?
☐ Vous avez toute latitude pour arriver à l'heure qui vous conviendra.
☐ Le député est le mandataire de ses électeurs.
☐ L'État a eu longtemps le monopole de la vente des cartes à jouer.

☐ Certains hommes politiques ne cherchent que la notoriété et non l'intérêt du pays.
☐ Il est tout à fait novice dans l'art de manœuvrer un bateau à voile.
☐ Il préfère refuser un service qu'on pourrait lui rendre plutôt que de se sentir l'obligé de quelqu'un.
☐ Après avoir ordonné l'évacuation des locaux, les forces de l'ordre ont laissé peu de temps aux grévistes pour obtempérer.
☐ La Révolution française voulut venir en aide aux peuples opprimés.
☐ A leur majorité, les enfants des émigrés peuvent opter pour la nationalité française.
☐ Sa trahison lui a valu un véritable ostracisme de la part de sa classe sociale.
☐ Contrairement à ce que pensait Voltaire, Frédéric II de Prusse gouvernait en potentat.
☐ Il faudrait que les deux Grands arrivent à se mettre d'accord pour réduire le potentiel militaire de leurs pays.
☐ Dans la vente des œuvres d'art, l'État a un droit de préemption.

☐ Saint-Simon a défendu toute sa vie les prérogatives des ducs et pairs.
☐ Étant donné son état, il faut lui prescrire du repos.
☐ Pendant quelques années, la vente de l'alcool a été prohibée aux États-Unis.
☐ Les dispositions concernant l'indemnisation des chômeurs vont être prorogées.
☐ Pendant l'occupation allemande, les bals étaient proscrits.
☐ Thésée décida que son fils devait mourir, puis il se ravisa.
☐ Je préfère en référer à mon chef de bureau.
☐ Rien n'est plus insupportable que les gens qui veulent tout régenter.
☐ Les Encyclopédistes ont réhabilité le travail manuel.
☐ Faute de preuves, le détenu a été relaxé.

☐ Pendant la Révolution, la répression du soulèvement vendéen a été terrible
☐ En devenant un travailleur assidu, il a répudié son passé de marginal.
☐ Il faut envoyer un préavis pour résilier un contrat.
☐ La France a pris des mesures de rétorsion au Tchad.
☐ Le policier a été révoqué.
☐ Lors de la minorité de Louis XIII, les intrigues des grands ont contribué à saper l'autorité royale.
☐ Les grandes puissances exercent une domination politique ou économique sur des pays satellites.
☐ Les impôts étaient si lourds que des séditions éclatèrent dans plusieurs villes.
☐ Même dans ses rapports avec la haute aristocratie, Julien Sorel n'a jamais eu une attitude servile.
☐ "Je te somme de venir me parler", dit Folcoche à son fils.

☐ Les Français explusés d'Algérie considèrent qu'ils ont été spoliés.
☐ Les exilés récemment arrivés ont demandé le statut de réfugiés politiques.
☐ Le public était subjugué par l'éloquence de l'orateur.
☐ Dans les pays totalitaires, les tentatives de subversion sont durement réprimées.
☐ Les Juifs ont longtemps vécu dans la sujétion.
☐ L'U.R.S.S. et les États-Unis se disputent la suprématie militaire.
☐ Un pays n'est pas vraiment libre lorsqu'il est tributaire des pays fournisseurs de pétrole.
☐ Les révolutionnaires se sont soulevés contre la tyrannie.
☐ Les royalistes considéraient que Napoléon avait usurpé le pouvoir.
☐ La validité des élections est contrôlée après le scrutin.

10. Agir et ne pas agir

☐ Les négociations agricoles ont achoppé sur le problème du lait.
☐ Les adversaires d'un opéra à la Bastille voudraient faire ajourner sa construction.
☐ L'art le plus important à savoir pratiquer n'est-il pas l'art de vivre ?
☐ Il lui assena des reproches cinglants.
☐ Les atermoiements ont fait échouer la négociation.
☐ Il est difficile de trouver quelqu'un qui ait les compétences nécessaires pour occuper ce poste.
☐ L'ironie de Voltaire est corrosive.
☐ Les pays européens se sont unis pour démanteler les organisations terroristes.
☐ On déplore les déprédations commises dans les cabines téléphoniques.
☐ Le général de Gaulle avait de grands desseins pour la France.

☐ Ce projet de loi n'a pu être voté : il avait trop de détracteurs.
☐ En faisant intervenir des mesures dilatoires, on évite parfois des affrontements violents.
☐ Rien ne fait diversion à la monotonie de mon existence.
☐ Dans "De l'esprit des lois", Montesquieu a édifié un système de gouvernement.
☐ Il faut agir vite pour endiguer le mécontentement des agriculteurs.
☐ La fée a exaucé son souhait.
☐ Traiter les problèmes au moyen d'expédients ne constitue pas une politique valable.
☐ Les héritages sont souvent des ferments de discorde.
☐ Les opposants au régime entretiennent des foyers d'agitation.
☐ Prétendre faire disparaître le chômage en un an est une gageure.

☐ Le prix de l'essence est grevé de lourdes taxes.
☐ L'incurie des services commerciaux a empêché le développement des exportations.
☐ Ceux qui veulent créer des entreprises se heurtent encore trop souvent à l'inertie de l'administration.
☐ Voltaire aurait voulu que soit instaurée en France une monarchie modérée comme en Angleterre.
☐ Cassius fut l'instigateur de l'assassinat de Jules César.
☐ Il trouvait des prétextes pour ne pas donner son accord : il préférait louvoyer en attendant de voir comment les choses tourneraient.
☐ La crise entraîne un marasme dans la construction.
☐ Ce projet n'a pas été bien préparé : on risque d'avoir des mécomptes dans sa réalisation.
☐ L'accord entre Israël et l'Égypte a pu être obtenu grâce à la médiation des États-Unis.
☐ On se demande quels peuvent bien être ses mobiles pour agir ainsi.

☐ Le poids du mât constitue un inconvénient auquel il faut obvier.
☐ Certains retraités supportent très mal leur oisiveté.
☐ Comment pallier le déficit du commerce extérieur ?
☐ Les terroristes qui ont perpétré cet attentat meurtrier inspirent l'horreur.
☐ L'expérience du pouvoir conduit à être pragmatique plutôt que théoricien.
☐ Dans "L'Étranger" de Camus, Meursault est condamné pour avoir tué avec préméditation.
☐ Il faut prémunir les adolescents contre les dangers de la drogue.

☐ Il a été embauché pour une période probatoire ; espérons qu'il fera l'affaire.
☐ Dans "Les Plaideurs", Racine critique les procédures interminables dans la justice de son temps.
☐ L'apprentissage de la lecture doit se faire selon un processus bien précis.

☐ C'est le protagoniste de toute l'affaire.
☐ Après une cure de désintoxication, les alcooliques récidivent souvent.
☐ Il a une infirmité rédhibitoire pour exercer cette fonction.
☐ Les travaux de réfection se poursuivent au château de Versailles.
☐ On considère généralement qu'il n'est pas bon pour l'équilibre psychique de refouler ses sentiments.
☐ Je ne veux pas réitérer ma demande.
☐ Pas de rémission pour la date de remise des devoirs !
☐ Le docteur a été réticent pour autoriser les visites.
☐ Le gouvernement doit réviser ses conceptions sur les moyens de sortir de la crise.
☐ Dans "Messieurs les ronds-de-cuir", Courteline met en scène des fonctionnaires qui ont trouvé une sinécure.

☐ L'astucieux Ulysse a trouvé un stratagème pour que les Grecs pénètrent dans Troie.
☐ Les responsables de chaque parti politique se sont réunis pour définir leur stratégie dans la bataille électorale.
☐ La politique coloniale de la Troisième République a suscité l'opposition d'une partie de l'opinion publique.
☐ Faute d'accord, les négociations sur la politique agricole sont restées en suspens.
☐ Ses tergiversations lui ont fait perdre un marché intéressant.
☐ La destruction de ce magnifique monument est un acte de vandalisme.
☐ Raconter des histoires a la vertu d'endormir les enfants.

11. Les actes de parole

☐ C'est une femme déçue qui accable son mari de remarques acerbes.
☐ Les échanges verbaux entre parlementaires ne sont pas toujours dépourvus d'acrimonie.
☐ Je vous adjure de lui pardonner.
☐ Pourquoi voulez-vous qu'on vous croie sur parole ? Il faut prouver vos allégations.
☐ A la fin du repas, le maire prononça une courte allocution qui fut très appréciée.
☐ Une vive altercation s'éleva entre les deux automobilistes.
☐ Platon a fait l'apologie de Socrate.
☐ Les faits ont vérifié ses assertions
☐ Voltaire était redouté pour ses remarques caustiques.
☐ Inutile d'employer tant de circonlocutions pour me demander cette permission.

☐ La conversation entre les personnages de Flaubert, Bouvard et Pécuchet, est un échange de clichés.
☐ Ils s'étaient mis à l'écart pour se concerter.
☐ Les petites filles avaient formé des groupes et tenaient des conciliabules dans tous les coins du jardin.

☐ Le problème du parc de loisirs n'est toujours pas réglé ; le maire en a conféré avec ses adjoints.
☐ Dans le salon de l'aéroport, le président et son hôte se sont congratulés.
☐ La controverse sur le danger des déchets radio-actifs est toujours aussi vive.
☐ Dans les agences de voyage, les clients qui se dédisent doivent payer des frais de dossier.
☐ Pour avoir défilé à cheval dans les rues de Verrières, Julien Sorel a défrayé les conversations.
☐ Les jurés ont délibéré longuement sur la peine à appliquer.
☐ En dépit de ses dénégations, on continue à le croire coupable.

☐ L'opposition ne cesse de dénigrer les décisions du gouvernement
☐ Au comble de la colère, Orgon désavoue Damis pour son fils.
☐ Les journaux satiriques sont souvent poursuivis pour diffamation.
☐ Dans certains romans, les digressions de l'auteur amoindrissent l'intérêt du récit.
☐ Pendant la traversée qui les ramène vers l'Ancien monde, Candide disserte sur les malheurs des hommes avec le philosophe Martin.
☐ Rien ne lui convient, il a toujours des doléances à présenter.
☐ On aimerait que les présentateurs de la télévision aient une élocution parfaite.
☐ Certains avocats sont célèbres pour leur éloquence.
☐ Dans « Le Médecin malgré lui », les élucubrations de Sganarelle sur la maladie de la fille de Géronte sont tout à fait comiques.
☐ Lors des conférences de presse, il a l'art d'éluder les questions embarrassantes.

☐ Le ton emphatique de son discours faisait démodé.
☐ Pour désigner la mort, on emploie souvent des euphémismes.
☐ Lorsque le bouc reste dans le puits, le renard lui fait un sermon pour l'exhorter à être patient.
☐ La faconde de Cyrano de Bergerac est pour beaucoup dans le succès de la pièce de Rostand.
☐ Quand il s'aperçoit du vol de sa cassette, Harpagon fulmine contre toute sa maison.
☐ Gavroche parle d'un ton gouailleur.
☐ La grandiloquence est considérée comme une faute de goût.
☐ Le moment était venu de haranguer la foule réunie devant l'hôtel de ville.
☐ Camille lance des imprécations contre Rome, qu'elle rend responsable de la mort de son fiancé.
☐ La poésie africaine se présente parfois sous forme d'incantations.

☐ Dans "Vipère au poing" d'Hervé Bazin, les enfants doivent obéir sans discuter aux injonctions de leur mère.
☐ Les amis de Cinq-Mars intercédèrent en vain auprès de Richelieu pour obtenir sa grâce.
☐ Bien que les dégâts fussent minimes, les automobilistes se lançaient des invectives.
☐ Le message des naufragés est si laconique qu'on ne sait où diriger les recherches.
☐ Je suppose qu'il a le cafard, car il n'est pas très loquace aujourd'hui.
☐ Le mauvais fils dut quitter la maison sous les malédictions de son père.
☐ Son licenciement lui a été notifié hier.
☐ Il a annoncé ses décisions sur un ton péremptoire.
☐ Figaro a une façon de persifler la noblesse qui annonce la Révolution.

☐ La plaidoirie de l'avocat de Meursault n'est guère habile.
☐ Le roman de Victor Hugo, « Les Misérables », est un plaidoyer pour les déshérités.
☐ L'annonce d'un changement du mode d'élection des députés a entraîné une polémique.
☐ J'ai écrit pour postuler un emploi de secrétaire.
☐ Il préconise un référendum pour sortir de la crise.
☐ Je l'entends d'ici proférer des menaces.
☐ Ses lettres sont longues, il est toujours très prolixe.
☐ On attend que le décret soit promulgué.
☐ Jean-Jacques Rousseau a prôné la liberté dans l'éducation.
☐ Sganarelle est lassé des récriminations de sa femme.
☐ J'ai une simple requête à vous adresser, non une réquisition.

☐ A l'Assemblée, un député a prononcé un violent réquisitoire contre la politique du gouvernement.
☐ Gervaise était constamment blessée par les sarcasmes de son mari.
☐ Quand ce qu'on lui dit ne lui plaît pas, elle a une façon de rétorquer qui frise l'insolence.
☐ Son ton sentencieux est tout à fait ridicule.
☐ Dans les landes bretonnes, René poursuivait son soliloque.
☐ Fantine avait sollicité une place dans l'usine de Monsieur Madeleine.
☐ Sacha Guitry a laissé le souvenir d'un homme très spirituel.
☐ Dans son intervention, il a stigmatisé les conducteurs en état d'ivresse.
☐ Il est stipulé que les impôts doivent être payés sans retard.
☐ Il faut se méfier des accords tacites : ils sont source de contestations.

☐ Il se targue de réussir où les autres ont échoué.
☐ L'annonce du raccourcissement des vacances d'été a suscité un beau tollé.
☐ Le langage de Rabelais est truculent.
☐ Nous avons eu tort de nous contenter d'une promesse verbale.
☐ Rien n'est plus ennuyeux qu'un discours verbeux
☐ La verve de Figaro est inimitable.
☐ Aucun homme politique n'a été autant vilipendé par ses adversaires que Léon Blum.
☐ Les contribuables vitupèrent contre le gouvernement qui a relevé les impôts.
☐ Très excités, les mineurs en grève vociféraient en allant d'un puits à l'autre.
☐ C'est une petite personne très volubile et fort curieuse.

12. La vie, la destinée

☐ C'est dans l'adversité qu'on peut mesurer le courage d'un homme.
☐ Le projet de loi sur la flexibilité de l'emploi a connu bien des avatars avant d'être adopté.
☐ Tout, dans le visage du Père Goriot à la fin de sa vie, indiquait la dégénérescence.
☐ Il n'aimait pas les enfants et disait que c'était une maudite engeance.
☐ En s'engageant l'hiver dans les immenses plaines russes, Napoléon a commis une erreur fatale.
☐ Les ides de Mars furent une date fatidique pour Jules César.
☐ Certains poètes romantiques aimaient être représentés avec un air funèbre.

☐ Les grands conquérants sont parfois victimes d'un entêtement funeste.
☐ Chateaubriand a écrit une œuvre intitulée "Le Génie du Christianisme".
☐ Alceste déteste tout le genre humain.

☐ L'expression "les nœuds de l'hymen" appartient à la langue classique.
☐ Personne ne l'a formé : ses dispositions pour le dessin sont innées.
☐ Levi-Strauss s'est illustré dans l'étude des mœurs des peuples d'Amazonie.
☐ Thénardier parcourt le champ de bataille de Waterloo pour voler les morts et les moribonds.
☐ Les journalistes doivent écrire la nécrologie des personnes célèbres.
☐ Nous avons été invités à la cérémonie nuptiale.
☐ Œdipe a commis sans le vouloir un parricide.
☐ Une œuvre d'art est parfois le résultat d'une lente et pénible parturition.
☐ Ces tribus nomades ont des mœurs patriarcales.
☐ L'affluence dans les musées indique que les Français s'intéressent de plus en plus à leur patrimoine.

☐ Dans une fable de La Fontaine, un vieillard répond, à trois jeunes hommes s'étonnant de son activité, qu'il travaille pour la postérité.
☐ Naturellement, la parution des "Mémoires d'Outre-Tombe" a été posthume.
☐ Hugo se considérait comme prédestiné à défendre le peuple.
☐ Le prix Cognacq-Jay récompense les mères qui ont une nombreuse progéniture.
☐ Quand les peuples des pays pauvres sont prolifiques, leurs problèmes s'en trouvent aggravés.
☐ Il est agaçant de voir un adulte se comporter d'une manière puérile.
☐ Le don des chandeliers par Monseigneur Myriel a été le point de départ de la régénération de Jean Valjean.
☐ Les gouvernants séniles sont un danger pour les peuples.
☐ Un endroit très dangereux de la côte bretonne s'appelle la baie des Trépassés.
☐ Le roi Louis XVIII a connu bien des vicissitudes au cours de son existence.

13. La vie physique

☐ Les chasseurs alpins sont des soldats aguerris au froid.
☐ On dit quelquefois que les élèves qui ont de mauvais résultats sont allergiques au travail.
☐ Les victimes des accidents de voiture souffrent parfois d'amnésie.
☐ Le skieur accidenté ne souffrait pas trop de ses blessures car le froid l'anesthésiait.
☐ Une éducation trop autoritaire l'avait rendu amorphe.
☐ Le peuple rendu apathique par les privations n'avait même plus la force de se soulever.
☐ Le concert fut annulé : la cancatrice était aphone.
☐ Néron voulait assouvir tous ses désirs.
☐ Privés d'exercice, les muscles du prisonnier s'atrophièrent.
☐ Les graves chocs nerveux rendent parfois boulimique.

☐ Les victimes de l'explosion d'une usine de produits chimiques ont été atteints de cécité.
☐ En cas d'incendie, il faut agir avec célérité.
☐ Les accidents de voiture causent de fortes commotions.

☐ Lucile, la sœur de Chateaubriand, était de complexion délicate.
☐ Les tisanes ont des vertus curatives.
☐ L'air des grandes villes industrielles est débilitant.
☐ Il était parvenu au dernier stade de la décrépitude.
☐ Les billets de banque portent l'effigie d'une personne célèbre.
☐ Les chirurgiens doivent faire preuve d'une grande dextérité.
☐ On n'étudie pas certains romans du 18e siècle en dépit de leur valeur, à cause de leur caractère érotique.

☐ Lucile s'étiolait dans le cadre austère de Combourg.
☐ Quand les secours arrivèrent, le blessé était exsangue.
☐ Dans le Sahel, les animaux sont faméliques.
☐ Elle cherchait la lettre perdue avec fébrilité.
☐ Au 18e siècle, sous l'impulsion des physiocrates, des terres incultes ont été rendues fécondes.
☐ Les premiers hommes n'émettaient vraisemblablement que des sons gutturaux.
☐ Dans un accès de rage, elle poussait des hurlements hystériques.
☐ Les impotents sont actuellement mieux pris en charge qu'autrefois.
☐ Dans les pays d'Afrique frappés par la famine, les enfants meurent d'inanition.
☐ Avant sa mise en vente, l'innocuité d'un nouveau produit de beauté est contrôlée en laboratoire.

☐ Les enfants en pleine croissance sont parfois insatiables.
☐ L'autisme est une maladie de l'enfant dont la principale caractéristique est que celui-ci s'enferme dans son mutisme.
☐ Pline fut le témoin oculaire de l'éruption du Vésuve qui détruisit Pompei.
☐ Marcel Proust devait prendre des fumigations car il était souvent oppressé.
☐ Les envoyés de "Médecins sans frontières" ont trouvé une partie de la population dans un état pathologique inquiétant.
☐ Au refuge, les alpinistes trouvèrent une boisson chaude qui eut sur eux un effet roboratif.
☐ On envoie les enfants maladifs à la montagne parce que l'air y est salubre.
☐ La pauvre enfant a été victime d'un satyre.
☐ Les personnes qui ne marchent pas suffisamment risquent de se scléroser.
☐ Il ne faut pas confondre sensations et sentiments.

☐ Un amour sensuel est le contraire d'un amour platonique.
☐ Les infusions d'aubépine ont des effets soporifiques.
☐ Lors des famines, sous l'Ancien Régime, les paysans n'avaient pas de quoi subsister.
☐ Dans l'excitation du Carnaval, ils ne prenaient pas le temps de se sustenter.
☐ L'apôtre Thomas voulait des preuves tangibles pour croire ce qu'on lui disait.
☐ Un grand nombre de plantes ont des vertus thérapeutiques.
☐ Pour faire de grands voyages, il faut être parfaitement valide.
☐ Le voleur s'enfuit avec une vélocité telle qu'on ne put le rattraper.

14. La vie intellectuelle et psychique

☐ Les bandes dessinées sont un bon antidote à l'ennui.
☐ Il a eu du mal à appréhender les catégories de la philosophie kantienne.
☐ Une fatigue cérébrale est souvent d'origine nerveuse.

☐ Dans une page célèbre de "A la recherche du temps perdu", le narrateur raconte comment il revient lentement à la conscience lorsqu'il s'éveille.
☐ Après son agression, la peur lui donnait un regard de dément.
☐ Jean-Jacques Rousseau était très égocentrique.
☐ Il avait du mal à entendre les explications qu'on lui donnait, elles étaient trop compliquées pour lui.
☐ Il n'est pas toujours facile de décider à bon escient.
☐ La vieillesse amoindrit les facultés.
☐ Dans "Sunset Boulevard", Gloria Swanson incarne une actrice qui vit avec ses fantasmes et qui s'imagine qu'elle est toujours célèbre.
☐ Toute à la joie de ses fiançailles, elle se figurait son bonheur futur.

☐ Même s'il ne le manifestait pas, il restait blessé dans son for intérieur.
☐ Dans "Les Enfants terribles" de Jean Cocteau, Paul est hypnotisé par Dargelos.
☐ Freud a découvert que les émotions apparemment oubliées subsistaient dans l'inconscient.
☐ L'enseignement français accorde une part très importante aux activités intellectuelles.
☐ Les tests destinés à mesurer l'intelligence sont très discutés.
☐ Les auteurs de journaux intimes aiment se livrer à l'introspection.
☐ Montaigne accorde une grande importance à la formation du jugement dans l'éducation.
☐ L'enfant progresse par des activités ludiques.
☐ On ne s'entraîne plus guère au calcul mental.
☐ Les historiens contemporains s'intéressent beaucoup à l'étude des mentalités.

☐ Dans l'œuvre de Montaigne, le moi a une grande importance.
☐ L'inspiration de Baudelaire est souvent morbide.
☐ La poésie de Baudelaire permet de déceler que celui-ci souffrait de troubles névrotiques.
☐ Dans "Bouvard et Pécuchet", Flaubert a mis en scène des personnages à l'esprit particulièrement obtus.
☐ La peinture surréaliste est souvent onirique.
☐ Il ne faut pas confondre une opinion et une certitude.
☐ On dit que les chats ont la phobie de l'eau.
☐ On prétend que la classe bourgeoise a trop de préjugés pour comprendre les marginaux.
☐ Il faut distinguer la vie psychique de l'activité intellectuelle.
☐ La psychologie de Jean-Jacques Rousseau est bien complexe.

☐ Les personnes en proie à une psychose de la menace nucléaire cherchent à se faire construire des abris anti-atomiques.
☐ Les gens violents sont mus par une pulsion de mort mal contrôlée.
☐ Descartes a défini une méthode pour bien conduire sa raison.
☐ Il fallut beaucoup de sagacité à Hercule Poirot pour percer l'énigme du crime de l'Orient Express.
☐ Ampère, dont la distraction était proverbiale, était toujours perdu dans ses spéculations.
☐ La peur de la nuit subsistait dans son subconscient.
☐ Il s'est livré à une description très suggestive du personnage.
☐ Une œuvre d'art inspire toujours des appréciations subjectives.
☐ Je marchais le long du canal dans un état de vacuité mentale.
☐ Les poètes romantiques ont accordé beaucoup d'importance à la vie intérieure.

15. Caractères et comportements

☐ A la suite de ses aventures, Cunégonde était devenue acariâtre.
☐ Je déteste ses manières affectées : pourquoi n'est-elle pas naturelle ?
☐ Le père de Chimène avait un caractère altier.
☐ C'était une petite personne très avisée, sur laquelle on pouvait se reposer des soins de la maison.
☐ Le peuple de Sparte était belliqueux.
☐ Alceste est à la fois bilieux et mélancolique.
☐ Les enfants, comme les comédiens, sont parfois cabotins.
☐ C'était une petite fille au regard candide.
☐ Il n'aimait guère les réceptions mondaines, ayant des goûts casaniers.
☐ En diplomatie, il convient d'agir avec circonspection.

☐ Orgueilleuse et hautaine, Madame de La Mole était condescendante, même avec ses invités.
☐ Au début du conte de Voltaire, Candide est crédule.
☐ Il a toujours fait du sport en dilettante sans chercher à progresser.
☐ Ses goûts sont très éclectiques : il s'intéresse aussi bien à la peinture qu'au jardinage.
☐ L'œil des bourgeois égrillards s'allumait en parlant de la pauvre Boule de Suif.
☐ Il a un esprit facétieux dont ses amis sont quelquefois victimes.
☐ L'ennui rendait Emma Bovary fantasque.
☐ Il aimait bien faire le faraud devant ses copains.
☐ C'était un charmant farfelu dont le comportement faisait sourire.
☐ Il était d'un naturel flegmatique et gardait son calme dans les pires ennuis.

☐ C'était un solide montagnard, sensible sous des manières frustes.
☐ Il écoutait, d'un air goguenard, le récit des exploits du commis voyageur.
☐ Il se tenait appuyé à la cheminée avec l'air gourmé d'un vieux lord anglais.
☐ Dans ses "Contes", Voltaire est volontiers grivois.
☐ Le prétendant avait pris une allure guindée pour faire sa demande en mariage.
☐ Il était méprisant avec ses condisciples tant il était imbu de sa supériorité.
☐ Je l'ai bousculé par inadvertance : il n'avait pas de raison d'en être offensé.
☐ Dans ses Contes, Maupassant met en scène des paysans madrés.
☐ C'est un lieu commun de dire que les soldats défilent avec une allure martiale.
☐ Il y a du masochisme dans Bardamu, le célèbre personnage de Céline, si apte à se faire souffrir lui-même.

☐ Certains tableaux du XVIIIe siècle qui représentent des scènes d'intérieur sont assez mièvres.
☐ As-tu fini de faire ta mijaurée ?
☐ Avec le personnage d'Alceste, Molière a conçu un parfait misanthrope...
☐ ... mais Alceste est-il vraiment misogyne ?
☐ L'attitude de Don Gormas à l'égard de Don Diègue est pleine de morgue.
☐ Les enfants ont tendance à être mythomanes.
☐ Beaucoup de romanciers ont un tempérament narcissique
☐ Il l'observait avec un sourire narquois qui lui fit redouter une moquerie.
☐ Tout monarque absolu est entouré de courtisans obséquieux.
☐ Jean-Jacques Rousseau avait un caractère ombrageux, d'où ses brouilles avec ses contemporains.

☐ Le canal de Suez ne put être achevé que grâce aux efforts opiniâtres de Ferdinand de Lesseps.
☐ Balzac fut un observateur perspicace de la société de son temps.
☐ Scarlett était une jeune fille pétulante qui mettait de l'animation dans la maison.
☐ Il était d'un naturel placide et restait calme devant les colères de sa femme.
☐ Il a une propension à se moquer des gens.
☐ C'était une vieille demoiselle très prude qui se scandalisait à la moindre plaisanterie un peu osée.
☐ Au début du siècle, les femmes qui allaient aux bains de mer étaient si pudibondes qu'on avançait les cabines jusque dans l'eau, pour qu'on ne les voie pas en maillot de bain.
☐ On peut être pudique dans l'expression de ses sentiments aussi bien que dans son comportement.
☐ Il faut trouver des hommes à l'esprit rassis qui ne nous entraînent pas dans des entreprises aventureuses.
☐ Il n'est pas possible de réussir dans les affaires si on n'agit pas avec réalisme.

☐ En pension, c'était un enfant rétif, difficile pour les surveillants.
☐ Il arriva pour les noces d'Emma Bovary, des paysans rustauds dans leurs habits de cérémonie.
☐ La mère de Poil de Carotte était d'un naturel revêche.
☐ Le père de Chateaubriand était taciturne.
☐ En le "couvant" trop, sa mère a fait de lui un enfant timoré.
☐ Dans "Le Rouge et le Noir", Monsieur de La Mole s'adresse à ses hôtes avec une grande urbanité.
☐ Un homme d'action ne doit pas être velléitaire.
☐ L'opinion publique est souvent versatile, car elle se laisse influencer par des impressions superficielles.

16. Le bien : quelques qualités

☐ Toute sa vie, la servante Félicité a été un modèle d'abnégation.
☐ C'était un homme très agréable à fréquenter : son accueil était toujours affable.
☐ Il était en passe de devenir un vrai loubard, mais il s'est amendé.
☐ Les photos de Victor Hugo à la fin de sa vie le représentent comme un auguste patriarche.
☐ « L'honnête homme » du XVIIe siècle était soucieux des bienséances.
☐ Dans les « Femmes Savantes », Chrysale traite sa servante Martine avec bonhomie.
☐ Suzanne resta chaste en dépit des invites des deux vieillards.
☐ Les Tahitiens accueillirent Bougainville avec civilité.
☐ La tragédie de Corneille, "Cinna", a pour sous-titre "La clémence d'Auguste".
☐ L'expression "avoir du cœur" a aujourd'hui un sens différent de celui de la langue classique.
☐ Il était toujours très apprécié : c'était un homme de commerce agréable.

☐ Rousseau est conséquent lorsqu'il adopte une vie simple après avoir proclamé que la civilisation corrompt.
☐ Le vieil aristocrate a supporté avec constance la déchéance de sa famille.
☐ Don Juan ne brille pas par sa constance.
☐ C'est un homme dont l'accueil est toujours courtois.

☐ Il traite ses parents avec beaucoup de déférence.
☐ En refusant sa part de bénéfices, il fait preuve d'un désintéressement peu commun et véritablement édifiant.
☐ Il est regrettable que la pédagogie n'insiste plus sur l'émulation.
☐ Quand la nourriture est rare, il faut veiller à ce que les distributions soient équitables.
☐ Les problèmes soulevés par les progrès de la biologie ont nécessité la création d'un comité d'éthique.
☐ Les juges doivent être parfaitement intègres.
☐ Secourir les victimes de la famine est un geste humanitaire.

☐ Auguste fut magnanime de pardonner à Cinna.
☐ Ce roi généreux traita avec mansuétude ceux qui avaient comploté contre lui.
☐ Il faut être méticuleux pour réparer des bijoux anciens.
☐ Les sociétés philanthropiques étaient nombreuses au 19e siècle.
☐ Dans "Les Lettres philosophiques", Voltaire présente les Anglais comme une nation policée.
☐ Dans "Tartuffe" de Molière, Cléante apparaît comme un homme d'esprit pondéré.
☐ Autrefois, les principes d'éducation étaient beaucoup plus rigides que de nos jours.
☐ Toute sa vie, il exerça sa profession d'avocat avec une grande probité.
☐ Pasteur était d'une grande rectitude morale.
☐ Dans "La Mort du loup", de Vigny, le loup oppose une résistance stoïque aux attaques des chiens et des chasseurs.

☐ Il faut avoir du tact pour dire à une personne ce qui risque de la blesser.
☐ Les contrôles à l'alcootest incitent à la tempérance.
☐ C'est bien agréable d'avoir des parents tolérants.
☐ Le courage, la justice, la prudence et la tempérance sont des vertus.
☐ Autrefois les élèves qui travaillaient avec zèle étaient publiquement récompensés.

17. Le mal : quelques défauts

☐ Le comportement de Coupeau à l'égard de Gervaise a été abject.
☐ Il a été abusé par un escroc.
☐ Fantine était obligée de s'avilir pour pouvoir payer la pension de sa fille.
☐ Tous ces Français si fiers de l'équipe nationale de football sont bien chauvins.
☐ Dans l'exercice du pouvoir, il est difficile d'éviter les compromissions.
☐ Il faut se méfier des hommes d'affaires cupides.
☐ Le cynisme de ses paroles glaçait le cœur.
☐ Sous l'occupation allemande, certains collaborateurs pratiquaient la délation.
☐ Le Régent avait des mœurs dépravées.
☐ Les gens sont souvent dupés par de petites annonces qui promettent de gros bénéfices après l'envoi d'une certaine somme.

☐ C'est le propre de l'hypocrite d'agir avec duplicité.
☐ Dans ses "Caractères", La Bruyère a tourné en ridicule la fatuité d'Arrias.
☐ Par gloriole, le baron se ruina en équipages.

☐ Tartarin de Tarascon racontant ses exploits à la chasse au lion est un hâbleur.
☐ Éduqué selon les méthodes traditionnelles au Moyen-Age, Gargantua était complètement ignare.
☐ Dans le conte de Maupassant, "Le petit fût", le paysan qui offre à la vieille femme de l'eau-de-vie pour hâter sa mort a un comportement ignoble.
☐ Dans « Gargantua » de Rabelais, Picrochole et ses conseillers sont des rêveurs impénitents.
☐ La Bruyère a dépeint les importuns en termes sévères.
☐ Tartuffe est le type même de l'imposteur.
☐ Il a eu l'impudence de demander des comptes après avoir ruiné sa famille.
☐ La trahison de Ganelon, cause de la mort de Roland, est une infamie.

☐ Dans un article célèbre, Zola a défendu Dreyfus, victime d'un jugement inique.
☐ Harpagon a un caractère irascible.
☐ Les chansonniers tiennent des propos irrévérencieux sur les hommes au pouvoir.
☐ On n'a jamais vu plus ladre qu'Harpagon.
☐ Toutes les garanties doivent être prises pour qu'aucun associé ne soit lésé.
☐ La municipalité n'a pas lésiné pour offrir un magnifique feu d'artifice.
☐ Mazarin a été machiavélique en politique.
☐ Les gens superstitieux pensent que la lune peut avoir une influence maléfique.
☐ Le Père Goriot était la cible de la malignité de Vautrin.
☐ Des malversations ont été découvertes dans la comptabilité de l'entreprise et plusieurs personnes ont été inculpées.
☐ Les antisémites prétendent que les commerçants juifs ont l'esprit mercantile.
☐ Les opportunistes sont mal considérés en politique.

☐ Les héros de l'Antiquité étaient poursuivis par la vengeance des Dieux quand ils les avaient outragés.
☐ Il y a de l'outrecuidance dans les propos que Figaro adresse à son maître.
☐ La trahison du connétable de Bourbon a été considérée comme un parjure.
☐ L'historien ne devrait pas être partial.
☐ Don Gormas prétend que le Roi a fait un choix partisan en choisissant Don Diègue.
☐ Dans "Les Femmes savantes" de Molière, Philaminte est avant tout une pédante.
☐ Elle m'a ridiculisé en me préférant un autre soupirant : je ne lui pardonnerai jamais cette perfidie.
☐ Les œuvres de Gide furent longtemps interdites dans les bonnes familles, car on les trouvait pernicieuses pour la jeunesse.
☐ Au 19e siècle, les jeunes filles étaient élevées dans les couvents car on craignait qu'elles ne soient perverties par la fréquentation du monde.
☐ Il s'évanouit à la vue d'une goutte de sang : c'est un pleutre.
☐ Madame de Sévigné reprochait à son fils d'être prodigue.

☐ Charles VII était un roi trop pusillanime pour combattre les Anglais sans l'aide de Jeanne d'Arc.
☐ Gobseck le personnage de Balzac est un usurier d'une rapacité répréhensible.
☐ Dans les camps de concentration nazis, les tortionnaires étaient sadiques.
☐ Dona Elvire traite Don Juan de scélérat.
☐ On ne peut discuter de politique avec lui : il est trop sectaire.
☐ Il agaçait par sa suffisance.
☐ L'esclavage est une tare de la société antique.

☐ Il y a eu récemment quelques exemples malheureux d'entreprises téméraires.
☐ Thérèse Raquin est une femme vénale.
☐ Tartuffe est un hypocrite qui trompe son hôte sans vergogne.

☐ Zola a mis en scène des êtres veules : sa peinture de l'humanité est sans complaisance.
☐ "L'oisiveté est mère de tous les vices."
☐ C'est un être vindicatif qui a toujours quelque querelle en cours.
☐ Manon Lescaut est volage, ce qui désespère Des Grieux.

18. Sentiments et jugements

☐ Les hommes de 89 abhorraient le despotisme.
☐ L'annonce de la faillite de l'entreprise l'affecta profondément.
☐ Il faut distinguer la vie affective de l'activité intellectuelle.
☐ Pendant les obsèques, il manifesta une grande affliction.
☐ La fête champêtre se termina dans une allégresse générale.
☐ Au 19e siècle, les saint-simoniens étaient animés de sentiments altruistes.
☐ Son licenciement lui inspira une grande amertume.
☐ L'opposition manifeste sans cesse de l'animosité envers la majorité.
☐ Il appréhendait beaucoup cette rencontre avec un personnage aussi redoutable.
☐ Eugénie Grandet a une vie bien austère.

☐ Il avait de l'aversion pour tous les sports violents.
☐ Nous avons assisté à une scène tout à fait bouffonne.
☐ C'est un incident plus burlesque que dramatique.
☐ Monsieur Madeleine éprouvait de la commisération pour la pauvre Fantine.
☐ Le petit mendiant regardait avec convoitise la vitrine de jouets illuminée pour Noël.
☐ Après les révélations d'Oenone qui accablent Hippolyte, Thésée laisse éclater son courroux.
☐ On ne peut que déplorer les violents affrontements qui se produisent parfois à l'occasion des matchs de football.
☐ La philosophie optimiste de Pangloss est tournée en dérision dans "Candide".
☐ Son désintérêt pour la lecture est total.
☐ Il annonça la nouvelle sur un ton dubitatif.

☐ Le premier quart d'heure fut consacré aux effusions, puis on passa à table.
☐ La Grèce est mon pays d'élection.
☐ Il s'est emporté quand on l'a contredit et la discussion n'a pu progresser.
☐ Le fils prodigue trouva son père enclin à lui pardonner.
☐ Dans l'euphorie de la victoire, ils oubliaient les difficultés à venir.
☐ Dans la solitude de Combourg, le jeune Chateaubriand connut des moments d'exaltation extrême.
☐ Au plus fort de sa jalousie, le héros racinien prétend exécrer l'être qu'il aime.
☐ Au cours de leur promenade sur le lac, Saint-Preux et Julie éprouvèrent une parfaite félicité.
☐ C'est un garçon féru d'astronomie.
☐ N'ayant pu participer à la sortie de fin d'année, elle se sentait frustrée.

☐ J'étais tellement en retard qu'il m'accueillit d'un air furibond
☐ On les avait surpris en conversation galante dans un petit bois.

☐ Il témoigna toujours de la gratitude à la famille qui l'avait recueilli.
☐ Avez-vous des griefs à formuler contre votre guide ? Vous ne semblez pas satisfait.
☐ L'idylle de Paul et de Virginie fut interrompue par la mort.
☐ Jean-Jacques Rousseau pense que l'homme, à l'état de nature, a une inclination au bien.
☐ L'annonce qu'il avait emporté la médaille d'or le fit jubiler.
☐ L'insolence du jeune homme le médusa.
☐ Louis XI et le duc de Bourgogne se sont livré une lutte sans merci.

☐ La duchesse se montra offusquée par la familiarité de son interlocuteur.
☐ La famille de l'homme pris en otage lança à la télévision un appel pathétique.
☐ Ils faisaient l'impossible pour que leurs enfants ne pâtissent pas de leur pauvreté.
☐ Les héros de Racine sont parfois agités de pressentiments funestes.
☐ Il est tellement prévenu contre moi qu'il ne pourra jamais apprécier ce que je fais.
☐ Emma Bovary jugeait sa vie trop prosaïque.
☐ Quand l'envoyé de Daudet arriva chez les vieux, toute la pièce respirait la quiétude.
☐ Madame Pernelle exprime sa réprobation sur ce qui se passe chez son fils.
☐ Mettre les téléphones publics hors d'usage est un acte répréhensible.
☐ Son ressentiment à l'égard de celui qui l'avait trahi ne faiblissait pas.
☐ Dans "Les Mots", Sartre rappelle que tout enfant, il révérait déjà les livres.

☐ Il n'hésitait pas à tenir des propos scabreux qui faisaient rougir les dames.
☐ Les personnages de Stendhal ont une sensibilité très riche, toute en nuances.
☐ L'amertume est un sentiment : il ne faut pas confondre sentiment et sensation.
☐ Quand on vint chercher Julien Sorel pour l'exécuter, on le trouva serein.
☐ L'annonce de la démission de leur chef les sidéra.
☐ Sido, la mère de Colette, élevait ses enfants avec beaucoup de sollicitude.
☐ Baudelaire ne fut pas le seul poète du 19e siècle à éprouver le spleen : Vigny emploie déjà ce mot pour désigner ce qu'il ressent.
☐ Rien n'est plus pénible que de sentir la suspicion persister lorsqu'on croit avoir dissipé un malentendu.
☐ Je déteste son langage trivial.
☐ La volupté est un sentiment très vif de jouissance, sensuelle, morale ou esthétique.
☐ On peut être nationaliste sans être pour autant xénophobe.

19. Religion et philosophie

(Termes employés au sens propre ou au sens figuré dans le langage courant).

☐ Henri IV a abjuré le protestantisme.
☐ François Villon demande à Dieu de l'absoudre.
☐ Dans le roman de Camus, "l'Étranger", Meursault a le sentiment que la vie est absurde.
☐ Les chrétiens croient que l'âme se sépare du corps après la mort.
☐ Voltaire fut un apôtre de la tolérance.
☐ Les moines bénédictins mènent une vie ascétique.

☐ Voltaire n'était pas athée.
☐ J'augure bien de ce nouvel accord.
☐ Les écrits d'Hippocrate étaient la Bible des médecins du temps de Molière.

☐ Son extrême douleur la portait à blasphémer.
☐ Marcel Proust enfant vouait un véritable culte à sa mère.
☐ Les gens du Moyen Age vivaient dans la terreur de la damnation.
☐ Il est difficile d'apprécier les déterminismes qui jouent dans les décisions d'un homme qui se croit libre.
☐ Au XVIIe siècle, les jansénistes furent attaqués sur des points de doctrine.
☐ Il parle sur le ton dogmatique de celui qui prétend détenir la vérité.
☐ Le repos dominical est respecté même dans les pays déchristianisés.
☐ L'île de Tahiti a de tout temps été considérée comme un éden.
☐ Tartuffe édifie Orgon par sa conduite exemplaire à l'église.

☐ L'État est une entité.
☐ Ayant reconnu son crime, il l'expia jusqu'à sa mort par une vie de sacrifices.
☐ Les philosophes du XVIIIe siècle ont combattu toutes les formes de fanatisme
☐ La ferveur est grande dans les églises de Pologne.
☐ Être réactionnaire, c'est avoir le fétichisme du passé.
☐ Les conquérants de l'Ouest américain avaient foi en l'avenir.
☐ Faisons contre mauvaise fortune bon cœur.
☐ Il fallut revoir toute la genèse de l'affaire pour comprendre comment on avait été trompé.
☐ Dans "Les caves du Vatican", André Gide a imaginé un crime gratuit.

☐ Pangloss a été arrêté et condamné parce qu'il avait tenu des propos hérétiques.
☐ Dans la religion chrétienne, le Christ s'est offert en holocauste pour sauver les hommes.
☐ C'est être iconoclaste que de rejeter aussi radicalement le passé.
☐ L'idée, comme le concept, est une abstraction par rapport à la réalité.
☐ L'action politique repose sur une idéologie.
☐ Le héros racinien va jusqu'à idolâtrer la personne aimée.
☐ Dans les religions africaines, la divinité est immanente.
☐ Le héros cornélien est capable de s'immoler à sa famille ou à sa patrie.
☐ En détruisant les idoles, Polyeucte a accompli un geste impie aux yeux des Romains.
☐ Pour entrer dans la franc-maçonnerie, il faut subir des épreuves initiatiques.

☐ On parle plaisamment de la liturgie des concerts de rock.
☐ Il se dégage une sorte de magie de la poésie de Baudelaire.
☐ Les hommes ne sont pas totalement bons ou totalement mauvais : il ne faut pas être manichéen dans ses jugements.
☐ Les moines chartreux consacrent la plus grande partie de leur temps à la méditation.
☐ Les philosophes du XVIIIe siècle ne se sont pas intéressés à la métaphysique.
☐ Dans le "Mémorial", Pascal apparaît comme un grand mystique.
☐ Les néophytes sont à la fois peu expérimentés et pleins de zèle.
☐ Talleyrand a été considéré comme un oracle pour les affaires du gouvernement.
☐ La fête de Noël a remplacé la fête païenne qui célébrait le solstice d'hiver.

☐ Le Christ a communiqué son message à travers des paraboles.
☐ La philosophie est une discipline plus abstraite que la littérature.

☐ Talleyrand a été considéré comme un oracle pour les affaires du gouvernement.
☐ La fête de Noël a remplacé la fête païenne qui célébrait le solstice d'hiver.

☐ Le Christ a communiqué son message à travers des paraboles.
☐ La philosophie est une discipline plus abstraite que la littérature.
☐ La mère de Chateaubriand était très pieuse et passait de longues heures dans sa chapelle.
☐ Les fêtes profanes étaient interdites à proximité des églises.
☐ C'est profaner l'hymne national que de le chanter sur un rythme de rock.
☐ L'Ancien Testament comprend des livres prophétiques.
☐ Les nouveaux convertis font du prosélytisme.
☐ La société anglaise de l'époque victorienne était très puritaine.
☐ Elle gardait le bonnet de bébé de son enfant comme une relique.
☐ Quand on se repent, on est à moitié pardonné.

☐ Les jeunes enfants ont besoin de rites pour s'endormir.
☐ Certains disent que l'enseignement est un vrai sacerdoce.
☐ L'intelligence est un don, la sagesse une vertu.
☐ Fatigué de la société de ses contemporains, il trouva son salut dans la solitude.
☐ La sœur de Blaise Pascal a eu une vie spirituelle intense.
☐ L'inceste reste un tabou dans la civilisation occidentale.
☐ Le poète Charles Péguy vénérait sa mère.
☐ Brassens considère dans une de ses chansons que rêver d'amours coupables est une faute vénielle.

20. La vie culturelle

(Linguistique, littérature et arts).

☐ Un mot a souvent plusieurs acceptions.
☐ La sensibilité baroque a inspiré des œuvres littéraires et artistiques de grande valeur.
☐ Il existe une bibliographie très complète de l'œuvre de Zola.
☐ Il existe une très bonne biographie de Zola.
☐ Le grand historien Fernand Braudel a étudié la civilisation méditerranéenne.
☐ Les œuvres classiques ont des qualités qui en font des modèles.
☐ Ce qui fait la richesse du sens d'un mot, ce sont en particulier ses connotations.
☐ La morale courtoise du Moyen Age a inspiré de très belles œuvres.
☐ Le dernier roman de Patrick Modiano a obtenu une bonne critique.
☐ La culture est beaucoup plus qu'une acquisition de connaissances.

☐ L'"Art Poétique" de Boileau est une œuvre didactique.
☐ Dans "Germinal", l'inondation de la mine est un épisode dramatique.
☐ Il s'exprime d'une façon si elliptique qu'il est difficile de suivre sa pensée.
☐ On trouve, dans les poèmes de Ronsard, un art de vivre épicurien.
☐ Le cinéaste russe Eisenstein a réalisé des films épiques.
☐ Madame de Sévigné entretenait avec sa fille des relations épistolaires.
☐ Ce grand historien était aussi un grand érudit.
☐ Sartre a écrit : « l'existentialisme est un humanisme »

☐ On dit que l'humour est une caractéristique de l'esprit britannique.
☐ Le texte de Montesquieu "De l'esclavage des nègres" permet de comprendre ce qu'est l'ironie.
☐ Dans un célèbre poème d'Éluard, le mot "liberté" revient comme un leitmotiv.
☐ Le personnage de Don Juan, dans la comédie de Molière, est un libertin dans tous les sens du terme.
☐ La litote est une figure de rhétorique.
☐ La poésie romantique est surtout lyrique.
☐ Les Médicis furent de grands mécènes pour les artistes de la Renaissance.
☐ La communication médiatique a pris une grande importance.
☐ Le merveilleux se trouve surtout dans les contes de fées.

☐ Dans le "Pont Mirabeau" d'Apollinaire, le thème de l'eau est l'expression métaphorique de la fuite du temps.
☐ Au XIXe siècle, toute une littérature a entretenu le mythe napoléonien.
☐ Les progrès techniques entraînent la création de néologismes.
☐ Le sacre de Napoléon est apparu comme une parodie aux yeux des royalistes.
☐ Qualifier une politique de politicienne est péjoratif.
☐ Le plagiat est puni par la loi.
☐ Dans "L'Éducation sentimentale" de Flaubert, Frédéric Moreau éprouve pour Madame Arnoux un amour platonique.
☐ Trissotin est précieux dans son langage et dans ses gestes.
☐ Devant la peinture de Picasso, je me sens vraiment une profane.
☐ Bachelard a fait appel à la psychanalyse pour étudier des thèmes littéraires.

☐ Dans ses romans, Flaubert a recherché le réalisme.
☐ N'oublie pas de me donner la référence du livre que tu as utilisé.
☐ Sous leurs allures émancipées, bien des jeunes filles modernes ont encore un esprit romanesque...
☐ ... mais les jeunes filles modernes sont-elles encore vraiment romantiques ?
☐ Juvénal est célèbre pour ses « Satires ».
☐ Montaigne a fait l'essai du stoïcisme.
☐ Le surréalisme a été un mouvement fécond, aussi bien en littérature qu'en art.
☐ L'attente du résultat des négociations a créé un véritable suspense.
☐ Dans le poème de Baudelaire "L'Albatros", l'oiseau est le symbole du poète.
☐ Oedipe est un personnage tragique.
☐ Dans « Gargantua » de Rabelais, l'abbaye de Thélème est une utopie.

ANNEXE

Expressions latines employées dans le langage courant

Un addenda
Ce qui est ajouté, par exemple une note à la fin d'un livre.

Ad hoc
Qui convient parfaitement, qui est destiné à cet usage
Il faut trouver pour ce poste la personne ad hoc.

Ad libitum
A volonté, au choix
Ce morceau de musique peut être exécuté plus ou moins vite, ad libitum.

A fortiori
A plus forte raison
La salle est trop petite pour accueillir vingt personnes, a fortiori pour en accueillir trente.

Un agenda
Ce qui doit être fait, choses à faire. Par ext. : carnet où l'on note les choses à faire.

Alias
Autrement appelé
Jacques Collin, alias Vautrin.

Alter ego
Un autre soi-même
Ce n'était plus un camarade, c'était mon alter ego.

A posteriori
En partant des données de l'expérience
Raisonner a posteriori

A priori
Avant toute expérience
Une idée a priori est une hypothèse ou un axiome

Confer
Employé le plus souvent sous la forme abrégée cf. : se reporter à ce qui précède ou à ce qui suit.
Cf. p. 36.

De facto
De fait et non de droit
Il est devenu leur chef de facto.

De visu
En le voyant
S'assurer de visu que les ordres ont bien été exécutés.

Et cœtera ou cetera
Et le reste, et la suite
Employé le plus souvent sous la forme abrégée : etc.

Grosso modo
En gros, sans entrer dans le détail
Il faut prévoir grosso modo 2 000 francs pour le voyage

Hic et nunc
Ici et maintenant
Je veux jouir de la vie hic et nunc.

Idem (id.)
La même chose, la même idée
S'emploie, par exemple, après une seconde citation d'un même auteur.

Illico
Aussitôt, immédiatement
Il est parti illico.

In extenso
Dans toute son étendue
Le discours a été reproduit in extenso.

In extremis
Au dernier moment
J'ai obtenu mon passeport in extremis.

Par intérim
A la place du titulaire
Être président par intérim.

Ipso facto
Par le fait même
En prenant la nationalité française, vous obtenez ipso facto le droit de vote.

Un lapsus (linguae)
Faute faite en parlant par inattention
Un lapsus regrettable.

Manu militari
(Par la main militaire)
Par la force
Des opposants expulsés manu militari

Un memento
(impératif latin : souviens-toi)
Un aide-mémoire.

Un modus vivendi
Un moyen de vivre ensemble quand on est en désaccord
Les pays de la C.E.E. ont parfois du mal à trouver un modus vivendi.

Motu proprio
(De son propre mouvement)
De plein gré
Il a agi non sur ordre, mais motu proprio.

Un nec plus ultra ou nec-plus-ultra
Ce qu'il y a de mieux
C'est le nec plus ultra en matière de voyages touristiques.

Ne varietur
Définitif, qui ne doit plus changer
Une édition ne varietur.

Nota bene (N.B.)
Notez bien, faites attention.

Un post-scriptum (inv.)
(Écrit après)
Ce qu'on écrit après la signature dans une lettre
J'ai ajouté un post-scriptum.

Au prorata
En proportion
Vous serez payé au prorata des heures effectivement faites.

Recto verso
Des deux côtés d'une feuille
Écrire recto verso.

Sic
(Ainsi)
C'est ainsi, bien que cela soit surprenant.

Sine die
Sans fixer de date
La réunion est renvoyée sine die.

Sine qua non
(Condition) sans laquelle une chose ne peut se produire
C'est la condition sine qua non pour que le traité soit signé.

Statu quo
Dans l'état où les choses étaient auparavant (in statu quo ante).
C'est le statu quo en ce qui concerne les négociations.

Stricto sensu
Au sens strict
Il faut appliquer les décisions prises stricto sensu.

Sui generis
Propre à une espèce, à une chose
L'odeur sui generis de la pension Vauquer.

Un vade mecum (inv.)
(Viens avec moi)
Aide-mémoire, répertoire à avoir à portée de la main.

Vice versa ou vice-versa
Réciproquement
Dans un sens ou dans l'autre
Un ascenseur fonctionne de bas en haut et vice versa !

DERNIER CONTRÔLE: INDEX

Les mots sont souvent placés ici dans un contexte volontairement différent du corps de l'ouvrage : de quoi vérifier une dernière fois vos acquis, vos progrès...
Les références renvoient aux définitions des mots.

Ateliers SEPC à Saint-Amand (12-89), France.
Dépôt légal : décembre 1989. N° d'édit. : 1129-05. N° d'imp. : 2444.